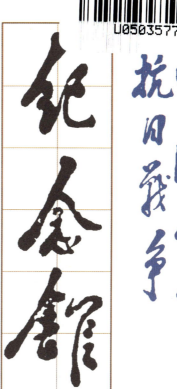

中国人民抗日战争纪念馆

The Museum of the War of Chinese People's Resistance Against Japanese Aggression

带你走进 博物馆

SERIES

中国人民抗日战争纪念馆 编著

文物出版社

赠　言

　　未成年人将要承担中华民族伟大复兴的重任。关心未成年人的健康成长，关心他们的思想道德的建设是我们每个人的责任，各类博物馆不仅是展示我国和世界优秀历史文化的场所，也是未成年人学习知识、培养情操的第二课堂。

　　让这套丛书带你走进博物馆，让博物馆伴随你成长。

国家文物局局长　单霁翔

2004 年 12 月 9 日

目 录　Contents

馆长寄语

　　抗日战争是中华民族在近现代反对外国侵略的历史上第一次取得完全胜利的民族解放战争，是中华民族由衰败走向复兴的重要枢纽。抗日战争不仅见证了在血与火的洗礼中，中华民族所体现出来的团结一致、勇敢奋起的强大民族凝聚力和生命力，而且见证了四万万中国人民在反抗侵略斗争中所表现出来的

中国人民抗日战争纪念馆

不畏强暴、前仆后继、艰苦奋斗、不怕牺牲、无私奉献的以爱国主义为核心的伟大民族精神。

中国人民抗日战争纪念馆是全国唯一一家全面反映抗日战争历史的纪念馆，它通过历史图片、文献、实物，并辅以油画、雕塑、景观、多媒体等展陈手段，生动地展示了中华民族十四年抗战的奋斗历程。

经过 2005 年的改造，抗战馆的基本陈列在内容上突出了伟大胜利的概念，把中华民族独立解放战争的伟大胜利、把世界反法西斯战争的伟大胜利、把以国共两党合作为基础的抗日民族统一战线的伟大胜利、把以爱国主义为核心的中华民族精神的伟大胜利，提炼为展览的中心主题。同时，贯穿展览始终的是大力弘扬抗战中体现出来的民族精神，充分挖掘誓死不当亡国奴的民族自尊品格、共赴国难的民族团结意识、不畏强暴的民族英雄气概、百折不挠的民族自强信念，在危难中开拓创新的民族创造精神和坚持正义、自觉为人类和平进步事业贡献力量的民族奉

带你走进博物馆

献精神。为整个展览确立了自信自强、昂扬向上的基调。

展览在形式上，将陈列设计与内容结合得更加紧密，在空间布局上，突破狭小展厅的限制，营造出波澜壮阔的氛围，突显抗日战争恢弘、壮丽的主题特质。在技术手段上，运用多种表现手法，打破了革命题材的展览版面单调、手法简单的一贯风格，增强了展览的艺术性和感染力，使整个展览在现有的、并不理想的空间内达到内容和形式的有机和完美的统一。

中国人民抗日战争纪念馆占地面积35600多平方米，建筑面积21000多平方米，现有展厅面积6700平方米。自1987年建馆以来共接待观众1400余万人次，其中包括80多个国家的20余万人次的外国观众，是中宣部首批公布的百家全国爱国主义教育基地之一。

如何将抗日战争留给我们的最宝贵的精神财富，结合新的时代条件，以人们乐于接受的方式加以继承和传扬，是时代赋予中国人民抗日战争纪念馆的重任。我们一定不辜负所有关心抗战馆的建设与发展的各级领导、海内外广大观众的关心和厚望，把以抗日战争历史为主要内容的爱国主义教育事业做得更深入、更有成效，使更多的民众特别是广大青少年从中获取丰厚的精神食粮，为中华民族的伟大复兴贡献力量。

中国人民抗日战争纪念馆馆长 沈强

第一部分——纪念馆的故事

一、历史沿革

中国人民抗日战争纪念馆是全国唯一一座全面反映中国人民抗日战争历史的大型综合性专题纪念馆，是全国重要的爱国主义教育基地。

中国人民抗日战争纪念馆坐落于中华民族八年抗日战争的爆发地——北京西南卢沟桥畔的宛平古城内。抗日战争纪念馆的兴建与发展得到了几代中央领导的关怀和支持。1983年6月21日，胡乔木同志在中国博物馆学会座谈会上发表讲话，指出建立纪念抗日战争博物馆的必要性。1985年10月，中国人民抗日战争纪念馆筹备委员会成立。1986年7月7日，抗战馆破土动工。1987年7月7日抗日战争全面爆发50周年之际，中国人民抗日战争纪念馆正式建成并对公众开放，邓小平同志亲自题写了馆名。1997年7月7日，中国人民抗日战争纪念馆二期工程完成，江泽民同志亲笔题词："高举爱国主义旗帜，以史育人；弘扬中华民族精神，振兴祖国。"2005年2月，中央决定在抗战馆举办纪念中国人民抗日战争暨世界反法西斯战争胜利60周年大型主题展览——"伟大胜利"，7月7日，展览正式开幕。胡锦涛、江泽民、吴邦国、温家宝、贾庆林、曾庆红、黄菊、吴官正、李长春、罗干等党和国家领导人参观了展览，并给予高度评价。

从1987年建馆迄今，中国人民抗日战争纪念馆几经建设，特别是经过2005年较

中国人民抗日战争纪念馆外景

带你走进博物馆

大规模的改造，面貌焕然一新。纪念馆正前方是面积达8600平方米的抗战广场，广场中央矗立着象征中华民族觉醒的卢沟醒狮，广场中轴线两侧各分布着7块草坪，寓意七七事变爆发地和中华民族的十四年抗战，高达14米、基座为汉白玉的国旗杆竖

宛平古城

立在广场北侧。与抗战广场相向而立的是一座牌坊式建筑物——抗战馆主馆。它背倚宛平城垣，与雕梁画栋的宛平城楼相呼应，周围绿树环绕，展馆外墙覆以乳白色大理石，锻铜大门上镶嵌着以红星和宝塔山为

图案的独立自由勋章图案，环境肃穆、庄严。

二、陈列变迁

抗战馆的基本陈列经历了三次改造，陈列面积从 1320 平方米增加到 6700 平方米。随着研究的深入和社会的进步，展览内容更科学、客观，陈列设计也越来越多地引入了新的理念和新的技术。

1987 年 7 月 7 日，抗战馆的第一个基本陈列对社会开放，简明概要地展示了从 1931 年 9 月到 1945 年 8 月中国人民抗日斗

卢沟醒狮

争的历史事实。全国首创的半景画陈列形式给观众留下深刻印象，时至今日仍然是抗战馆最具代表性的陈列内容之一。矗立于序厅的巨型铜铸

序厅浮雕：血肉长城

浮雕以磅礴雄伟的气势突显了中华民族抗战的主题，由"英雄颂"、"军民鱼水情颂歌"、"大刀颂"、"仇恨篇"、"忠魂颂"、"铁骑颂"、"太行颂"、"游击战争颂"、"保卫黄河"九组内容构成。这些画面汇成一道铜墙铁壁似的巨大屏障，背衬起伏连绵的崇山峻岭，两侧与白色花岗石的长城雉堞相衔接，标志着寓意深远的主题——把我们的血肉筑成我们新的长城！

1997年7月7日，抗战馆的第二期基本陈列改造完成并开始接待观众。二期陈列包括反映十四年抗战历史的综合馆和三个专题馆，即"日军暴行馆"、"人民战争馆"和"抗日英烈馆"。这种以编年与专题相结合的创新设计，既满足了观众了解抗战基本史实的需要，又突出了重点。二期陈列重视以色调和灯光营造展厅氛围，油画、景观、场景复原、影视墙等都运用于陈列中。其中地道战

的景观以其逼真的音效场景和富有想像力的设计造型，给观众一种身临其境之感。

2005年是中国人民抗日战争暨世界反法西斯战争胜利60周年，"伟大胜利"大型主题展览在抗战馆开幕。它以宏阔的笔触和大气的设计，展现了中国人民抗日战争的壮丽画卷，彰显了中华民族自尊、自信与自强的民族品格和强大的民族凝聚力。

陈列内容以专题与主题紧密结合，每部分相对独立、同时又形成一个不可分割的有机整体，在革命史展览大纲的

编写体例上探索了一条新路。八个部分的内容并不是一般的历史记事，而是更有理论的概括与思索，同时通过多种展览形式加以恰当的诠释，传达给观众。展览最后以中国政府提出并始终坚持的和平、发展与合作的外交方针，表现中国政府以史为鉴、开创未来的决心和信心，体现了展览广阔的视野和源于历史又高于历史的特点。在陈列设计上，紧扣主题，气势昂扬，利

| 景观：地道战 | 第二期陈列：抗日英烈馆 |

2005年9月，参加中央纪念中国人民抗日战争暨世界反法西斯战争胜利60周年大会的200余名抗战老战士、老同志来馆参观

用多种展陈手段，极大地增强了展览的互动性和观赏性。

抗战馆从建馆以来，先后推出了"北京地区抗日斗争史料展"、"花冈悲歌"、"日军731部队罪行展"、"八路军办事处和新四军军部革命活动展"、"烽火摇篮"、"战时延安"、"华侨与抗日战争"、"劳工血泪"、"台湾同胞抗日斗争图片展"、"抗战时期的香港"、"澳门同胞支援祖国抗战展"、"改造日本战犯纪实"、"以史为鉴、面向未来——纪念中日邦交正常化30周年"、"中国战区中美苏空军联合抗日史实展"等四十余个专题陈列。这些专题展览是基本陈列的补充和深化，为加强爱国主义教育发挥了重要作用。

三、友好交流

中国人民抗日战争是世界反法西斯战争的重要组成部分，中国人民为世界反法西斯战争的胜利作出了重要的历史贡献和巨大的民族牺牲。中国人民抗日战争纪念馆成为世界各国人民了解中国抗战历程的重要窗口，在介绍中国抗日战争、宣传中国抗日战争在二战中的作用和地位、如实评价苏美英等盟国军队和各国人民对中国抗战的同情与支援、增进国际与地区间的友好交流等方面，发挥了纽带和桥梁的作用。

带你走进博物馆

带你走进博物馆

瑞典教育界代表团参观

美国博物馆界同行参观

中日韩青少年夏令营参观

　　自1987年开馆以来，抗战馆接待了韩国、新加坡、日本、苏里南、古巴等国家及中国香港、澳门、台湾等政要，四十余个国家和地区的友好人士前来参观访问。与此同时，抗战馆也与美国、日本、韩国、朝鲜、新加坡等国家及中国香港、澳门、台湾的博物馆、纪念馆、学术团体和致力于世界和平的友好社团建立了联系，走出去举办抗日主题展览，共同开展被强掳到日本的中国劳工问题调查，联合召开国际学术研讨会，加强了国际与地区间的友好往来和学术交流。

　　中国人民抗日战争纪念馆还是中国抗日战争史学会和中国抗日战争史北京研究会的常务办事机构，正逐步成为展示、研究抗日战争史的重要基地，在对外学术交流和国际交往中起着越来越重要的作用。

第二部分——走进陈列

中国人民抗日战争，是近代以来中国反对外敌入侵第一次取得完全胜利的民族解放战争，是在中国共产党倡导建立的抗日民族统一战线旗帜下，以国民党和共产党合作为基础，包括工农商学兵各界、各族人民、各民主党派、各抗日团体爱国人士和港澳台同胞、海外侨胞广泛参加的全民族抗战。中国人民经过十四年的艰苦奋战，赢得最后胜利。

抗日战争的胜利，使中国收回了近代以来由于不平等条约而失去的一部分主权，使台湾、澎湖列岛等重新回到祖国怀抱。抗日战争的胜利，使中国赢得了应有的国际地位，是中华民族由衰败走向振兴的重大转折点。

"伟大胜利"展览包括八部分内容，通过640幅历史图片、830余件实物，辅以油画、雕塑、景观、影视片等陈列手段，全面展现了中国人民波澜壮阔的抗战历程。

一、民族危急　救亡兴起

日本帝国主义为实现独占东北、进而灭亡中国的图谋，于1931年制造九一八事变，发动侵华战争。中国人民局部抗日战争开始。抗日救国成为每个炎黄子孙的神圣天职！

战斗在白山黑水

1931年，日本关东军制造九一八事变，武装侵略中国东北。由于国民政府推行"攘外必先安内"的错误方针，采取不抵抗政策，东北迅速沦陷。不甘做亡国奴的东北地区各阶层人民、一部分东北军爱国官兵、山林队等，纷纷组建各种抗日武装，同侵略者展开了不屈不挠的斗争。其中尤以马占山领导的江桥抗战闻名中外，英国《每日周报》登载采访报道，烟草公司甚至出

第一部分展厅一角：战斗在白山黑水

品马占山牌的香烟。展厅内陈列着马占山用过的手表、砚台、钢笔、毛毯、望远镜等物品，从更多侧面缅怀这位英雄。但东北抗日义勇军最终因缺乏坚强的政治领导而失败。

九一八事变后，中国共产党在东北组织了十几支抗日游击队，后发展成为东北抗日联军，在白山黑水间、在冰天雪地里、在深山密林中、在给养断绝只能以树皮和草根充饥的极端困难情况下坚持抗日斗争十四年，牵制大量日军，有力地支援了全国的抗日战争。陈列柜里的铁叉、胶鞋底、靰鞡鞋、稗种子等有关东北抗联将士的战斗和生活用品，如实地反映了抗联战士的艰苦斗争岁月。

1938年冬，东北抗联第三路军总指挥李兆麟和战友创作了《露营之歌》，抗联战士英勇艰苦的战斗生活和革命乐观主义精

带你走进博物馆

神跃然纸上：

朔风怒吼，大雪飞扬，

征马踟蹰，冷风侵人夜难眠。

火烤胸前暖，风吹背后寒，

壮士们，精诚奋发横扫嫩江原！

伟志兮，何能消减，

团结起，赴国难，破难关，

夺回我河山！

抗日救亡运动的高涨

日军占领东北后，随即把侵略矛头直指华北。中华民族危机进一步加深。救亡的呼声响彻神州大地，抗敌的战鼓已经擂动。

1933年1月1日，日军在山海关寻衅进攻，东北军独立第九旅六二六团奋起反击，揭开了长城抗战的序幕。第二十九军军长

浮雕：一二·九运动

宋哲元一句"宁为战死鬼、不做亡国奴"的呐喊代表了无数将士的心声。第二十九军大刀队夜袭喜峰口、毙伤日军数百人的战斗，打出了中国军队的威风，振奋了全国人心。

国民党爱国将领冯玉祥在1933年5月成立的察哈尔民众抗日同盟军，曾一度收复重镇多伦。同盟军的前敌总指挥、后加入共产党的吉鸿昌在被国民党杀害前，写下浩然正气的就义诗："恨不抗日死，留作今日羞。国破尚如此，我何惜此头！"

1935年，日本以关东军、中国驻屯军等为先锋和主力，策动"华北自治"，企图制造第二个"满洲国"。北平学生面对亡国的危险，愤然悲叹"华北之大，已经安放不下一张平静的书桌了"。1935年12月9日，由中国共产党领导、北平大中学校学生联合会组织的大规模抗日爱国运动爆发，爱国学子喊出了"打倒日本帝国主义"、"停

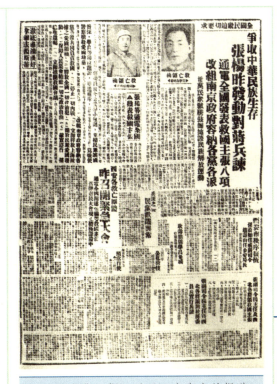

《西北文化日报》关于西安事变的报道

止内战、一致抗日"等口号。一场汹涌澎湃的抗日救亡运动在全国展开。

西安事变的和平解决

1936年12月12日，东北军将领张学良、西北军将领杨虎城扣留了到西安部署

"剿共"的蒋介石，逼其停止内战、联共抗日，并以八项救国主张通电全国。这就是震惊中外的西安事变。

西安事变的突然爆发，引起国内外各种政治势力的强烈反响，其中不乏要求严惩蒋介石的声音，国民党统治集团内部"讨伐"派也一度占据主导地位。

事变发生的当天，张学良立即致电中共中央，希望听取中共方面的意见。在这关键时刻，中国共产党正确分析了当时的形势，经过反复研究和慎重考虑，最终以民族大义为重，力主和平解决西安事变。

12月24日，蒋介石被迫接受中共提出的停止内战、一致抗日的条件。25日，张学良亲自陪同蒋介石乘飞机离开西安回南京。第二天，蒋介石一到南京，立刻扣留张学良。此后，张学良在软禁中度过了半个多世纪的岁月。杨虎城后亦被国民党囚禁，于1949年9月17日在重庆惨遭国民党特务秘密杀害。

西安事变及其和平解决，标志着内战基本结束，以国共两党第二次合作为基础的抗日民族统一战线初步形成。

二、国共合作 共赴国难

1937年日本帝国主义蓄意制造卢沟桥事变，发动全面侵华战争，中国军队奋起抵抗。卢沟桥抗战标志着全国抗战的开始。在中国共产党的积极推动下，以国共两党合作为基础的抗日民族统一战线正式形成。全国抗日武装开赴前线，开始了神圣的全民族自卫战争。

卢沟桥的日军从哪里来

日军占领东北后，向南进发占领长城一线，一步一步逼近北平。日军打到卢沟

第二部分展厅一角：七七事变

桥后，应该从宛平城的西门进攻，占领宛平，进而攻击北平。然而日军为什么会从东门攻占宛平？

其实，早在1901年日军就根据八国联军逼迫清政府签订的《辛丑条约》驻兵华北铁路沿线，在天津、塘沽、秦皇岛、山海关及北京东郊民巷日本使馆区等地驻兵，称作清国驻屯军。1913年更名为中国驻屯军。到1936年6月下旬，总兵力达到8400余人。其中驻北平的军队集中在通州和卢沟桥东面的丰台镇，丰台约2000余人。

1937年7月7日，驻丰台日军一个中队从丰台出发，经大井、五里店到宛平城东北大瓦窑地区实施战斗演习。晚上十点，

宛平城出土的二十九军士兵钢盔

日军演习完毕，借口一名士兵失踪，来到宛平东门外要求进城搜查，被中国守军第二十九军拒绝。8日晨5时，日军向卢沟桥及宛平城守军发起猛烈进攻。日军炮弹直射城内宛平县署。驻守宛平城的第二十九军三十七师一一○旅二一九团三营官兵奋起自卫，打响了全国抗战的枪声。

随后，日本政府调兵遣将，扩大战争。向日本中国驻屯军下达了于7月26日晚进攻中国第二十九军的命令，同时向南苑、北苑、西苑和丰台发起进攻。第二十九军副

军长佟麟阁、第一三二师师长赵登禹在南苑战斗中殉国。29日，古都北平沦陷。

"从此战事风云弥满全国，飞机大炮到处轰炸，生灵涂炭，莫此为甚，枪杀奸掠，无所不至，兵民死难者，不可胜计，数月之中而日本竟占领华北数省。现战事仍在激烈之中，战事何时终了，尚不可能预料，国家兴亡难以断定。"市民罗德俊先生在北平沦陷后无以抒解内心之愤懑、忧郁，竟只能流于笔端，怀有这样情感的中国人又何止千千万万！

共赴国难

卢沟桥事变发生后，中国共产党发出通电，大声疾呼：平津危急！华北危急！中华民族危急！只有全民族实行抗战，才是我们的出路。中国共产党自西安事变后，由"反蒋抗日"到"逼蒋抗日"再到"联

蒋抗日"，积极倡导建立抗日民族统一战线。国难当头，以蒋介石为首的国民党和国民政府也一改过去单纯对日妥协退让态度，同时改变对苏联和中共的政策，由积极"剿共"到与中共秘密接触，再到谈判合作抗日，逐渐将内政外交的重心转到抗战方面。9月22日，国民党中央通讯社公开发表周恩来起草的《中共中央为公布国共合作宣言》。9月23日，蒋介石在庐山发表《对中国共产党宣言的谈话》，公开承认中国共产党的合法地位。第二次国共合作正式形成。

根据国共两党协议，中国共产党领导的中国工农红军主力改编为国民革命军第八路军（后改称第十八集团军），直属国民政府军事委员会。10月12日，国民政府军事委员会宣布，中国共产党领导的南方8省14个地区（不包括琼崖红军游击队）的红军和游击队，改编为国民革命军陆军新编第四军。

国共两党本着"兄弟阋于墙，外御其侮"的古训，捐弃前嫌，重新携手，共御外侮。拥兵一方的地方实力派也纷纷拥护南京政府的抗日主张。《大公报》的一位记者写道："暴敌这一把无情之火应当是把我们内部的一切矛盾都熔毁了，只留下一个共同意志。一切有智识不甘做奴隶的人都只许有一个共同意志：就是自卫到底，抗战到底。"

三、抗战灯塔　中流砥柱

在中国共产党倡导下形成的抗日民族统一战线，是打败日本侵略者的决定因素。中国共产党主张实行的全面全民族抗战路线，提出的持久战战略总方针和一整套作战原则，对抗日战争实施了正确的战略指导，是夺取抗战胜利的基本保证。

景观：洛川会议会场

带你走进博物馆

中国抗战的战略总方针

抗战馆第三展厅的窑洞景观、毛泽东在延安窑洞内挥毫写作的灯箱片以及《论持久战》大幅文摘和毛泽东著作的泛黄版本相互映衬，构成了一处独特风景。观众在《论持久战》的大幅文摘前驻足，仔细品读毛泽东关于持久战三个阶段的论述。

抗战爆发后，很多抗日党派和爱国人士认识到抗战将持久进行，但对持久战的理解却大相径庭。例如国民党制定的"以空间换时间"的持久消耗战战略，基本上是一种军事上的指导方针，缺乏广泛的政治动员和全民抗战的群众基础。面对复杂的战争发展趋势和胜负难卜的战争结局，以毛泽东为代表的中国共产党正确回答了持久战的理论。

1938年5月，毛泽东发表《论持久战》，全面分析了中日两国相互矛盾的四个基本特点：敌强我弱、敌小我大、敌退步我进步、敌寡助我多助。指出抗日战争是持久战，最后胜利是属于中国的，抗日战争将经过战略防御、战略相持和战略反攻三个阶段，强调兵民是胜利之本，充分动员和依靠群众，实行人民战争。《论持久战》科

毛泽东在写作《论持久战》

学地回答了为什么是持久战和怎样去进行持久战去夺得最后胜利的问题。

持久战是中国八年抗战时期的战略总方针，战争实践也证明了中国共产党提出的持久战战略的正确性和科学预见性。应该说，中国共产党的持久战理论比国民党持久消耗战略更为科学和完备，代表了中华民族对这场战争的最高认识水平。

灵活机动的战略战术

毛泽东在发表的《论持久战》和《抗日游击战争的战略问题》中，都强调了在抗日战争全过程中游击战的重要战略地位。由于中国抗战是持久战，为达到长期消耗敌人力量的目的，只有发动群众的游击战争，在敌人后方建立巩固的根据地，削弱敌人，最终壮大自己。此外，要运用灵活的战略战术，以己之长克敌之

带你走进博物馆

短，以战术胜利的发展来求得战役胜利的展开。

全国抗战爆发后，中国共产党领导的八路军、新四军等人民抗日武装开赴敌后，发动群众，建立抗日民主根据地。

广泛开展敌后游击战争，打击日本侵略者，收复失地，开辟了华北、华中和华南敌后战场。并制定了一系列政治、军事、经济、文化等方面的政策和策略，巩固和发展了敌后抗日根据地。广大军民创造

景观：地雷战

景观：芦荡火种

了地道战、地雷战、水上游击战、破袭战、村落战、麻雀战、围困战等各种各样灵活机动的游击战术，抗击、牵制和消灭大量日军，是抵抗和战胜日本侵略者有效和重要的战略。

1945年1月，美军上尉艾斯·杜伦来到冀中第九分区考察八路军实施地道战的情况，亲眼经历和目睹了根据地军民以地道为依托，与日本鬼子进行顽强斗争的经过。经历了地道战的惊险战斗，杜伦回到

军区驻地见到杨成武司令员时，竖起大拇指说：冀中地道是万能的，冀中老百姓顶好顶好！中国一定会胜利！

正如毛泽东所说："战争的伟力之最深厚的根源，存在于民众之中。"正是依靠人民战争，在八年抗战期间，共产党领导的敌后战场共歼灭日、伪军171.4万余人。到1945年抗战胜利前，共产党领导的人民军队发展到120余万人，抗日根据地已达19个，总面积约95万平方公里，人口9550余万，为夺取抗战的最后胜利准备了重要条件。

展览中以幻影成像的形式再现了地道战的智慧与巧妙，观众可以脚踏控制地形图直观生动地查看19块抗日根据地的名称和范围。

带你走进博物馆

四、日军暴行　惨绝人寰

在侵华战争中，日军对中国900多座城市和广大乡村进行轰炸，大肆杀戮无辜平民，残酷虐杀战俘，强制奴役劳工，实施细菌战和化学战，在占领区推行奴化教育，用鸦片毒害中国人民，控制中国的工矿、交通、农业、金融、贸易等经济命脉，掠夺中国经济资源，给中国人民带来深重灾难。

被中国军队解救出来的慰安妇

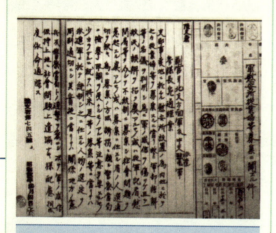

日本陆军省关于在中国设立"慰安所"的通告

最黑暗的一幕

战争给妇女和儿童带来的伤害是最直接的，也是最残酷的。日本士兵不仅在光天化日之下强奸妇女，还以丑陋罕见的"慰安妇"制度将战场性暴力合法化、组织化和永久化，"慰安妇"的实质就是赤裸裸的日军性奴隶。由于战败时日军大量销毁有关"慰安妇"的档案，而日本政府至今仍未公开相关的全部历史文件，因此"慰安妇"人数难以计算。但通过各类资料的研究，专家达成的共识是：二战期间日军"慰安妇"人数应在40万以上。

其中，中国"慰安妇"的人数最多。强征中国妇女充当日军性奴隶是日本最高当局和军部直接策划的有组织有计划的行动。同时，由于日本在中国战场的持续时间最长、侵占地域最广，日军在中国各地设立了大量的"慰安所"。仅上海一地所设的"慰安所"就多达83处。沦为日军性奴隶的中国妇女人数至少在20万人以上。来自最底层的她们多是被抢掠或欺骗而来，甚至包括七八十岁的老人和年仅几岁的儿童，她们稍有反抗就会遭到残杀。

劳工血泪

为了弥补劳动力资源的不足，日军从中国各地强行掳掠、抓捕大批劳工。据统计，从1931年至1945年，日本共强制役使中国劳工2000余万人。他们被强迫从事军事工程、筑路、开矿、拓荒和大型土建工程等劳役，目前存在于东北三省各地的

中国劳工证

大大小小的军事要塞、军事工程遗迹，都是当年劳工修建的。他们在劳役中遭受非人的对待，大批劳工在工程结束后被秘密杀害，如今只留下了无数的"万人坑"，无声地控诉那些人间悲剧。

在二战期间日本还强掳中国劳工近4

带你走进博物馆

日军的毒气弹和防毒面具、防毒服

万余人，分散到日本 135 个企业做重体力劳动，6000 余人客死他乡。其中被强掳到日本秋田县北部的花冈为鹿岛建设株式会社做苦工的近千名中国劳工由于不堪忍受繁重的劳动和残酷的折磨，于 1945 年 6 月 30 日在大队长耿谆的领导下举行起义，遭到残酷镇压。日本投降后，幸存的中国劳工才得以返回祖国。

细菌战与化学战

　　在侵华战争中，日本军队不仅在南京大屠杀中杀害中国和平军民及被俘士兵 30 余万人，在各地制造了无数惨案，900 多座城市遭到轰炸。尤其令人发指的是日本法西斯公然违反国际法，在侵华战争中大量使用生化武器，进行罪恶的细菌战与化学战。日本政府和军部直接参与实施了对中国的细菌战和化学战。据不完全统计，日军使用化学武器多达 2000 余次，造成中国军民大量伤亡。日军在中国境内遗留的化学武器，至今还在威胁着中国人民的身心健康。

　　日军在中国哈尔滨建立的 731 细菌部队在东北其他地区以及华北、华中均设有工作点，专事研究和制造细菌武器，甚至用活人进行实验。1940 年至 1945 年间，至少有 3000 余人被用于各种活体解剖实验。抗战期间，中国军民因遭受日军细菌战和细菌试验而伤亡的人数达数十万。

五、浴血疆场　民族壮歌

在抗日战场上，中国广大爱国将士前仆后继，与侵略者进行了殊死搏斗。以八路军、新四军等为主要力量的敌后战场钳制和消灭了日军大量兵力，逐渐成为中国抗日战争的主要战场。国民党数百万军队在日军进攻的正面战场作战，特别是抗战初期的一些大仗、胜仗，给日军以沉重打击。太平洋战争爆发后，中国战场与世界反法西斯战争的其他战场融为一体。十万中国远征军出国作战，有力地配合了盟军作战。

在这场决定民族生死存亡的斗争中，台湾、香港、澳门同胞以不同的方式参加进来，旅居海外的华侨华人也积极支援祖国抗战。他们同祖国人民同呼吸、共命运，用鲜血和生命争取民族独立和解放。

八路军首战告捷

1937年9月25日，八路军第一一五师

景观：平型关战斗

带你走进博物馆

油画：血战台儿庄

在山西平型关地区设伏，击毙日军坂垣第五师团第二十一旅团一部1000余人，击毁汽车100多辆，缴获一批辎重和武器。平型关战斗，是华北战场上中国军队主动寻歼敌人的第一个大胜仗，有力地配合了正面战场的防御作战。它打破了日军不可战胜的神话，振奋了全国人心，提高了中国共产党和八路军在全国军民中的威望。

血战台儿庄

在展厅里，有两件展品记录了台儿庄战役的辉煌，一件是油画《血战台儿庄》，用写实的手法描绘了抗战将士的英勇顽强。另一件是一本不足巴掌大小的笔记本，这是出生于波兰的著名战地记者爱泼斯坦先生在台儿庄前线采访时用的笔记本。1938年初，日军调集重兵南北对进，夹击战略要地江苏徐州。为阻止日军进攻，中国第五战区调集60万兵力与日军展开徐州会战。4月上旬，中国军队在台儿庄歼敌1万余人，取得台儿庄大捷。爱泼斯坦目睹了中国官兵端着步枪、挥着大刀，高唱着《义勇军进行曲》，冒着日本军队的猛烈炮火，前仆后继，打垮日军进攻的情景。兴奋无比的他和荷兰著名纪录影片导演伊文思站在被击毁的日军坦克上合影留念，欢呼中国军队的胜利。

异域扬威

中国抗日战争是世界反法西斯战争的重要组成部分，太平洋战争爆发后，以中、美、英、苏四国为首的26国签订《联合国家宣言》，标志着国际反法西斯统一战线的形成，中国成为世界反法西斯战争的重要盟国。1942年，为支援盟军对日作战，保卫滇缅公路，中国派出十万远征军入缅参战。4月中旬，英缅军第一师7000人被日军围困在仁安羌，中国远征军第三十八师师长孙立人连夜率部前往救援，经过两天激战，助英军解除重围。从1943年10月起，中国驻印军（由中国远征军改编而成）从印度向驻缅北的日军发起攻击。1944年，中国远征军也从云南西部向日军发起攻击。1945年1月，远征军与驻印盟军在中缅边界会合。缅北滇西反攻不仅完全打通了中印交通线，并使日军的印缅战线开始崩溃，为世界反法西斯战争作出重大贡献。

血浓于水

自甲午战败，清政府被迫将台湾及澎湖列岛割让给日本后，台湾同胞从未停止过反

带你走进博物馆

抗日本侵略、争取回归祖国的斗争。全国抗战开始后，台湾同胞摆脱了长期以来孤军作战的状态，融入到全国抗战的洪流中。他们除在岛内继续进行抗日斗争外，有不少人冒着生命危险到祖国大陆参加抗战。在日本侵占台湾的半个世纪里，台湾同胞为争取民族的独立和解放，共有65万人壮烈牺牲。台湾

同胞的抗日斗争是中华民族为追求独立与解放的奋斗历程中不可或缺的重要组成部分。

港澳同胞也积极参加祖国抗战，他们捐款捐物、救济难民，营救文化界人士和美英军飞行员，组织回国服务团，参加抗日武装等，为祖国抗战做出了重要贡献。

在中国抗日战争中，关心祖国命运的

雕塑：合作

第五部分展厅一角：台湾同胞抗日斗争50年

广大海外侨胞，不分党派、职业、阶级、信仰，以空前的规模组织起各种抗日团体，在

1940年3月，爱国侨领陈嘉庚率"南洋华侨回国慰劳视察团"慰问抗战军民

东南亚、美洲、欧洲、澳洲等地，开展了声势浩大的筹赈募捐、抵制日货、购买国债等抗日爱国活动。不少热血青年放弃优裕的生活条件，漂泊重洋回国，或是组团编队为国服务，或是三五成群投身军旅。有的还英勇地投身侨居地的抗日斗争之中，为祖国抗战和世界反法西斯战争的胜利建立了卓著功绩。几万万中华儿女同仇敌忾、齐心协力抵抗日本侵略者，谱写了中华民族历史上又一光辉篇章。

带你走进博物馆

六、得道多助　国际支援

"在世界反法西斯战争胜利的丰碑上，熔铸着中国人民的卓著功勋；在中国抗日战争胜利的红旗上，凝聚着各国友人的血迹。"

中国人民的抗日战争是反抗外敌侵略的正义战争，是世界反法西斯战争的重要组成部分。中国人民的抗日战争为世界反法西斯战争的胜利作出了巨大的民族牺牲和历史性的贡献，同时也得到国际社会的广泛同情和大力支持。苏联在抗战初期就积极援华，后期则直接对日宣战出兵中国东北。美国除了物质支援外，与中国密切军事合作，共同对日作战。许多国家和国际友人也从各个方面积极支援中国抗战。

1945年8月22日，苏联红军进入大连，受到市民的热烈欢迎

苏联援华

中国和苏联国土相连、唇齿相依，抗日战争爆发后苏联是最早向中国提供援助的国家。1937年8月21日，中苏两国政府签订了《中苏互不侵犯条约》，随即苏联政府向中国提供了大量的贷款和军用物资。1937年11月，苏联派出空军志愿队来华参加对日作战。到1941年6月苏德战争爆发前，先后来华的苏联志愿人员约2000人，其中约200人牺牲在中国战场。1945年8月8日苏联宣布加入波茨坦公告，对日宣战。次日苏联红军出兵中国东北，对中国抗日战争取得最后胜利起到重要作用。

驼峰航线

1942年3月，日军占领缅甸首都仰光，运输援华物资的主要通道——滇缅公路被切断，中美被迫共同开辟从印度汀江至中国昆明的空中运输航线。这条航线飞越"世界屋脊"喜马拉雅山上空，途经高山雪峰、峡谷冰川、热带丛林以及日军占领区，有时只能在山谷间穿行，看起来好像穿越骆驼的峰背，因而被称作"驼峰航线"。加之这一地区气候十分恶劣，强气流、低气压和冰雹、霜冻，使飞机在飞行中随时面临坠毁和撞山的危险，所以也被称为"死亡航线"。从1942年5月到1945年8月，中美双方共投入各种运输机、战斗机和轰炸机约2000架。"驼峰航线"共向中国运输战略物资80多万吨。期间中美坠毁和失踪飞机609架，牺牲和失踪飞行员1500多名。

得道多助

中国抗日战争得到了世界各国人民的支持。"英国援华运动总会"、"法中之友

飞越驼峰的运输机

1941年8月，在美国政府支持下，美国陆军航空队退役军官陈纳德组建中国空军美国志愿队，即飞虎队，同年12月来华参战。图为美国志愿队队员在昆明合影

来到中国，战斗在最艰苦的敌后抗日根据地。国际友人斯诺夫妇和路易·艾黎等发起和推动了中国的工业合作运动，为战时经济和战时救济工作发挥了积极作用。

社"、"美国援华联合会总会"等援华团体积极为中国抗战展开募捐活动。美国卸任总统胡佛曾发起"一碗饭运动"，号召美国人民用节约"一碗饭"的钱来支持中国抗战。加拿大医生白求恩、印度医生柯棣华、美国医生马海德等一批外国医务人员不远万里

在中国的抗日队伍中，还活跃着朝鲜的抗日武装。金日成在中国东北组建的游击队、韩国临时政府领导的"朝鲜义勇队"、"韩国光复军"等为中国的抗战作出积极贡献。胡志明领导的印度支那共产

党，也积极参加了中国的抗战。一些进步的日本人也对中国抗战表示了同情和支持，如日本共产党领导人野坂参三、鹿地亘和夫人池田幸子、绿川英子等。一些被俘的日军官兵经过教育，幡然悔悟，建立了"觉醒联盟"和"反战同盟"，投入反战行列。

七、历史胜利　巨大贡献

经过十四年英勇斗争和浴血奋战，在中国共产党倡导的抗日民族统一战线旗帜下，中国人民以落后的武器装备，打败经济实力和军事装备远比自己强大的敌人，创造了半殖民地弱国打败帝国主义强国的

第六部分展厅一角：国际医护人员救死扶伤

带你走进博物馆

奇迹。这一惊天动地的伟业，使中华民族一雪百年耻辱，在世界上展示了新的形象。中华民族对世界反法西斯战争作出巨大贡献和民族牺牲，使中国国际地位空前提高。中国人民抗日战争的伟大胜利，成为中华民族由衰败走向振兴的重大转折点。

中共七大召开

1945年4月23日至6月11日，中国共产党在延安召开第七次全国代表大会，总结新民主主义革命二十多年曲折发展的历史经验，制定了正确的纲领和策略，通过了"放手发动群众，壮大人民力量，在我党的领导下，打败日本侵略者，解放全国人民，建立一个新民主主义的中国"的政治路线，确立了毛泽东思想在全党的指导地位，选举了以毛泽东为主席的新一届中央委员会，使全党在马克思列宁主义、毛泽东思想的基础上达到了空前的团结。七大是中国共产党建党以后民主革命时期最重要的一次代表大会，为新民主主义革命在全国的胜利奠定了基础。七大以"团结的大会，胜利的大会"载入中国共产党的光辉史册。

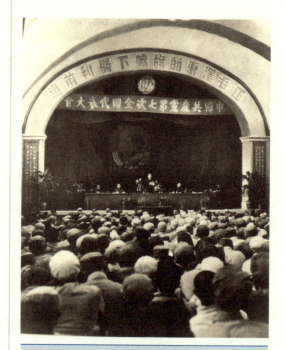

中共七大会场

中国参与联合国创建

第二次世界大战后，为使人类避免再遭战争之难，中国积极参加了联合国的创持国际和平及安全"、"制止侵略行为"，发展国际间友好和平等为宗旨的联合国宪章。1945 年 10 月 24 日，联合国宪章生效，联合国正式宣告成立。中国成为联合国创始

联合国成立大会

建工作，并成为联合国的发起国之一。1945年 4 月 25 日至 6 月 25 日，在美国旧金山举行了联合国制宪会议，会议通过了以"维国之一。中国政府代表之一董必武在联合国宪章上签字，这是中国共产党的代表第一次出现在国际政治舞台上。

带你走进博物馆

日本投降

在中国、美国、苏联和其他盟国及东南亚各国人民的共同打击下，日本军国主义面临彻底的失败。1945年8月9日，日本天皇召开御前最高会议，接受中美英三国及苏联促令日本投降的波茨坦公告。10日，日本内阁通过了接受波茨坦公告的决议，当天日本外务省通过驻瑞典公使请瑞典政府把日本接受波茨坦公告的照会转交美、英、中、苏四国政府。8月15日中午，日本天皇亲自宣读的接受波茨坦公告、实行无条件投降的终战诏书向日本全国广播。8月17日，日本军队开始陆续向盟国投降。9月2日上午9时，在停泊于东京湾的美国密苏里号战列舰上举行了签降仪式。日本外相重光葵代表天皇和政府，陆军参谋总长梅津美治郎代表帝国大本营在投降书上签字，同盟国最高司令麦克阿瑟将军代表同盟国签字，美国代表海军上将尼米兹、中国代表徐永昌将军、英国代表海军上将福来赛、苏联代表杰列维亚科中将，以及澳大利亚、加拿大、法国、荷兰、新西兰等

美国密苏里号战列舰上的日本签降仪式

九国代表依次签字。至此，第二次世界大战以同盟国的胜利宣布结束。

9月9日，中国战区日军投降签字仪式在南京国民政府军事大礼堂内举行。应邀出席的有美国、英国、法国、苏联、加拿大、荷兰、澳大利亚等国的军事代表和驻华武官。签降仪式上，中国战区日本投降代表、中国派遣军总司令冈村宁次将所戴佩刀摘下，交给参谋长小林浅三郎，由其双手奉交中国陆军总司令何应钦将军，表示侵华日军正式向中国缴械投降，然后冈村宁次在投降书上签字。整个中国战区被分为16个受降区，分别接受日军投降。10月25日，在台北公会堂里，最后一任日本台湾总督安藤利吉在投降书上签字，日本殖民统治达50年的台湾回到祖国怀抱。

景观复原：中国战区日军投降签字仪式现场

正义审判

1946年1月，盟军统帅部在日本东京成立了远东国际军事法庭，盟军最高统帅麦克阿瑟将军任命澳大利亚的韦伯为首席法官，另外任命了中、苏、美、英、法、荷兰、菲律宾、加拿大、新西兰、印度等国的10名法官。中国

带你走进博物馆

远东国际军事法庭审判日本战犯

庭，国防部南京审判战犯军事法庭，广州行辕审判战犯军事法庭，济南第二绥靖区司令部审判战犯军事法庭，武汉行辕审判战犯军事法庭，太原绥署审判战犯军事法庭，国防部上海审判战犯军事法庭，台湾警

法官梅汝璈参加了审判工作。1946年4月29日，远东国际军事法庭对东条英机等28名甲级战犯正式起诉。东京审判历时2年半，共开庭818次，最终对东条英机等7人处以绞刑，对荒木贞夫等16人判处无期徒刑。1946年12月23日，东条英机等7人在东京巢鸭监狱被执行绞刑。从1945年12月中旬起，中国政府设立了保定绥署审判战犯军事法庭，东北行辕审判战犯军事法

备司令部审判战犯军事法庭。被判处死刑的案件110件，其中包括判处南京大屠杀的主犯之一谷寿夫死刑。1949年12月25日至30日，苏联滨海军区军事法庭公开审判了以日本关东军总司令陆军大将山田乙三为首的12名细菌战犯，分别被处以最高25年、最低3年的刑罚。1956年4月25日，根据中华人民共和国全国人民代表大会常务委员会《关于处理在押日本侵略中国战

带你走进博物馆

争中犯罪分子的决定》，中华人民共和国最高人民法院特别军事法庭分别于沈阳、太原开庭，对在押日本战争罪犯进行公开审判。

八、以史为鉴　面向未来

中国人民抗日战争暨世界反法西斯战争胜利已过了60多年。勿忘历史、面向未来，始终是世界各国人民的共同心声，和平发展已经成为当今时代主题。"牢记历史，不忘过去，珍爱和平，开创未来。"中国政府和人民为实现中日两国人民的世代友好进行了不懈努力，为促进世界和平发展的崇高事业不断做出新的贡献。

聂荣臻元帅和美穗子

1940年8月，聂荣臻部队的一名17岁

八路军战士杨仲山从战火中救出5岁日本小姑娘美穗子的故事在中日友好关系史上谱写了闪光的一页。

百团大战中，聂荣臻将军指挥的晋察冀军区第一分区三团向正太路疾进，主攻的目标是正太路（正定—太原）沿线的井陉煤矿。整个矿区布防严密，敌人沿矿区周围修了十几座碉堡，架设了电网，火力可以控制整个矿区，居高临下，易守难攻。1940年8月20日晚上10点多钟，嘹亮的冲锋号响彻夜空，一营四连的六挺机枪同时向敌人射击。战斗进行得非常迅速，一举攻克西门。整个新矿区已被控制。21日早4点左右，几名战士冲进山下的碉堡。这座碉堡冒着硝烟，几具日军的尸体横在地上，在一个死去的日本妇女旁有个小姑娘正以惊恐的目光望着人们，大家肯定这是敌人的家属，是个无辜的孩子。在此情形

下，通信员杨仲山听令，抱着孩子迅速撤离了这座还处在战火中的碉堡，沿交通壕往回返，往营部救护所奔去。

杨仲山回忆说："天色依然很黑，除了阵阵闪着爆炸的火光，四处没有一点灯光。我拉着小女孩一路上走走停停，生怕踩上地雷。小女孩乖乖地跟着我走啊走……再走一会就到营部了，我深深松了一口气。突然，从东王舍村北传来激烈的枪声，我抱起小女孩迅速钻进路边的高粱地。不一会枪声渐渐稀疏了，高粱叶子上的露水打湿了我们的衣服。我怕小孩着凉，蹲在地上搂紧了她。随手揪下高粱叶子为她驱赶蚊子。天慢慢地亮了，我这才清楚地看到她憔悴的面容依然逗人喜爱。我猜想死去的那名妇女一定是她的妈妈，我会些只言片语的日语，随手又从挎包里取出一块白面薄饼给她。开始她摇摇头，我一边比划一

边吃，再给她，她勉强吃了一点，干巴巴的饼子实在难咽。太阳已经升起来了，枪声也早已停止，我们离开潮湿的高粱地，沿大路赶到营救护所……"

被救出的小女孩名叫美穗子，她的父亲加藤清利是井陉煤矿火车站的副站长，因伤势太重，死在了八路军前线的包扎所里。聂荣臻司令员闻讯当即指示：速将孤儿送指挥部，要照顾好她的生活。不久又派人将孩子送往石家庄的日军兵营。临行前，聂荣臻担心孩子在半路上饥饿啼哭，专门准备了许多糖果和食品，并吩咐护送的人千万注意安全。

1980年初夏的一天，聂荣臻元帅在接受记者采访时，拿出当年美穗子用小手拽着聂荣臻在指挥部操场散步的相片，感慨地说：战争是残酷的，孩子是无辜的，不知她怎么样了。5月28日解放军报便登出

《日本小姑娘，你在哪里》一文，版面还刊登了聂司令和美穗子的照片，随后国内外的报刊也纷纷发表了杨仲山的回忆文章。日本神户的《每日新闻》发表的新闻报道标题是《少年八路军战士杨仲山救美穗子》。这样，中国战士在战火中救出日本小姑娘的事就如插上了翅膀，漂洋过海，也传到了美穗子的家里。已是三个孩子母亲的她给杨仲山写了一封热情洋溢的感谢信："今天我从神户那里得到令我很高兴的一封信，知道您就是在炮火中救出和保护我幼小生命的杨仲山先生，我太幸福了……我幼小生命的得救，证明你们是人道主义的，热爱世界和平的。"美穗子在日本大使吉田健三也的陪同下来到北京，再次见到了聂荣臻元帅，他们之间的友谊也一直得以流传下去。

聂荣臻与美穗子

带你走进博物馆

村山富市的抗战馆之行

抗日战争胜利50周年前夕，日本首相村山富市于1995年5月2日至6日来中国进行国事访问。5月3日，村山首相专程参观中国人民抗日战争纪念馆。他走到"前事不忘，后事之师"标题下当年毛泽东主席接见日本首相田中角荣、中日建交发表联合声明等巨幅照片前停下脚步，凝视许久，提笔写下了："正视历史，祈中日友好，永久和平。"

同年8月15日，村山富市对来访的《人民日报》记者郑重表示："痛切反省由于我国的殖民统治和侵略对中国人民造成的巨大损害和痛苦，在此表示衷心的道歉。"这是日本首相第一次就日本侵华明确表示道歉。

7年后，在中日邦交正常化30周年之际，村山富市于2002年9月28日再次来到中国人民抗日战争纪念馆，参加了"以史为鉴、面向未来——纪念中日邦交正常化30周年"展览开幕式。他说："不了解历史，就

歴史を直視し日中友好永久の平和を祈る

一九九五年五月三日

日本国内閣総理大臣

村山富市

村山富市在中国人民抗日战争纪念馆的题字

不了解现在，也不了解未来。只有把历史作为一面镜子来认识未来，才能使日中关系在各方面得到健康发展。"他还说：再次参观北京抗日战争纪念馆，在这里见

1995 年 5 月，日本首相村山富市参观抗战馆

到了许多青少年，给他留下了深刻印象。"日中关系的发展要靠年轻人，应让日中两国年轻人牢记历史，以史为鉴，把日中友好世世代代传下去。"

九、凭吊英烈的环廊

2005 年 7 月开幕的"伟大胜利"大型主题展览将原来的半圆形抗日英烈馆改建为环廊英烈浮雕和环廊英烈墙，成为抗战馆中心位置最夺目的创意景观之一，更能吸引和贴近观众。英烈环廊由十四组浮雕和对称的英烈墙组成，集中生动地体现了全国各民族、各党派、各阶级、各阶层在抗日民族统一战线的旗帜下团结凝聚、共同前进，最终形成一股锐不可挡的全民抗战洪流。

带你走进博物馆

抗战英烈墙

带你走进博物馆

这十四组浮雕的主要内容分别是：战斗在华北的八路军、战斗在华中的新四军、战斗在华南的华南抗日游击队、战斗在白山黑水的东北抗日游击队、正面战场英勇作战的国民党官兵、文化界对抗战的呐喊、经济界人士对抗战经济的贡献、爱国民主人士对抗战的贡献、积极参加抗战的少数民族、抗战中的妇女儿童、港澳台人士对抗战的贡献、心系祖国的华侨、国际友人对抗战的支援、与中国并肩作战的英美盟军。

与这十四组浮雕交相辉映的是阴刻填

英烈环廊浮雕

带你走进博物馆

战斗在华中的新四军

金的抗战英烈墙。十二块大理石碑刻共铭刻着1524位抗战英烈的名字，其中296位是旅职以上英烈，刻文包括姓名、职务、籍贯、出生年月日、牺牲时间和地点。原来英烈厅造型为用十四块汉白玉作翻开的书页状，如今新陈列将书页上石刻的1228名团级烈士英名全部移刻到浮雕两侧和浮雕对面的大理石墙上。民族精神寓于民族历史之中，抗战精神尤其寓于抗战烈士的英雄谱上。

不少抗战英烈的后代饱含缅怀和追寻自己先辈的哀思和激情，从千里之外的边疆县城或万里之外的大洋彼岸来到这里，在环廊英烈墙下聚精会神地寻找先辈姓名，一旦发现便立刻骄傲自豪地惊呼："在这里，在这里！" 他们凝望铭刻，心潮澎湃，深情缅怀先辈的英雄事迹，并把珍贵的史料提供给抗战馆。许多抗战先烈的珍贵遗物，如证书、证章、手稿等就这样逐渐征集到馆，不断为新的陈列充实文物。

十、独具魅力的半景画馆

我们知道，人在自然环境下随身转动，视野范围是360°，可以看清周围一切景物。艺术家称这种环顾360°景观的视野为"全视野"，亦称"全景视野"。那么展示180°景观的，就是半景视野了。

卢沟桥事变半景画馆是一座宽40、进

半景画：七七事变（局部）

深24、高18.5米的大型立体展厅。厅里有一幅180°视野的巨幅油画，呈半圆弧形，这是我国第一幅如此大的油画。此油画是由当时一些卓有成就的画家共同创作的。在绘画时，画家要乘升降机到五层楼高的半空作画。为最大限度地真实再现卢沟桥抗战的壮烈场景，创作者决定使用一块长50、高17米的整幅画布，但当时我国没有任何一台纺织机能够织出这么大幅的布。在这关键时刻，纺织部给予了

带你走进博物馆

大力支持，特地组织数名能工巧匠，加班加点，连日赶制，手工编织出一块完整的巨型画布。如今，每一个到此参观的人，听到这一故事，都会对那些创造出这件艺术珍品的劳动者肃然起敬。

　　始建于 1987 年的半景画馆是将半景画、模型和实物相结合，利用视觉上的误差，巧妙地将其融为一体，真真假假，虚实难辨，令观者宛若置身于当年的卢沟桥战场。半景画馆已经过多次改进，现代化的技术手段越来越多地被运用于其中。

　　2005 年，为纪念中国人民抗日战争胜

利暨世界反法西斯战争胜利60周年，抗战馆投入大量资金对半景画馆进行了大规模的翻修和改造，采用了当前更为先进的多媒体技术。

演播开始时，随着馆内灯光渐渐暗淡下去，一部以反映1931年到1945年中国人民十四年抗战历史的专题片开始播放。当播放到1937年卢沟桥事变发生时，用八台投影机同时播放的以虚拟现实手法制作的动画，与巨幅油画完美地结合在一起，再现了卢沟桥抗战的风云变幻。只见天上的彤云在翻滚，浓烟在飘动，火光在闪烁，炮弹从空中飞过在地上轰然炸开，枪声、喊杀声震耳欲聋，使观众仿佛回到当年的卢沟桥战场。

半景画：《七七事变》（局部）

半景画：《七七事变》（局部）

带你走进博物馆

第三部分——数字的故事

一、令人发指的 "300000"

"日军暴行 惨绝人寰"展厅的墙上,有一非常醒目的数字:"300000"。

这一组数字在中国人的心里,是对侵华日军在中国南京犯下滔天罪行的愤怒控诉。1937年的那场史无前例的大屠杀,是全人类永远抹不去的悲惨梦魇。

1937年12月13日,日军侵占南京城,他们置国际法于不顾,在华中派遣军司令官松井石根的指使下,疯狂杀害放下武器的中国士兵和手无寸铁的南京市民,开始了长达6周的惨绝人寰的大规模屠杀行动。

日军第十六师团三十旅团将被俘的中国士兵反绑双手,押上中山门城楼,用罪恶的枪刺把他们一一捅死,并挑落到高高的城墙下。目睹这一场景的日本随军记者铃木二郎写道:"只见飞溅的血喷向半空,

阴森的气氛使人汗毛直竖、浑身战栗。"日军第十六师团师团长中岛今朝吾在《阵中日记》里写道:"据知,光是佐佐木的部队就处理掉约15000人,守备太平门的一中队长处理掉1300人,现集中在仙鹤门附近的约有7000—8000人,而且俘虏还在不断来降。要处理掉这7000—8000人,需要一个相当大的壕沟,很不容易找到。所以预定把他们先分成100人、200人一群,然后诱至适当地点处理之。"无疑,这些都是日军大规模屠杀放下了武器的中国士兵的自供状。战后《远东国际军事法庭判决书》中确认:"好些中国士兵在城外放下武器投降了,在他们投降后的七十二小时内,在长江江岸被机关枪扫射而集体的被屠杀了。这样被屠杀的俘虏达三万人以上。"

1937年12月15日夜,南京市民和中国士兵共9000余人被日军押往海军鱼雷

日本报刊上日军杀人比赛的报道

营, 除9人逃出外, 其余全部被杀害; 16日傍晚, 中国士兵和难民5000余人在中山码头江边被枪杀; 17日, 被搜捕来的中国军民和南京电厂工人3000余人在煤岸港至上元门江边被枪杀或被烧死; 18日, 从南京逃出被拘囚于幕府山下的难民和被俘军人

5.7万余人, 被铅丝捆绑, 驱至下关草鞋峡, 日军先用机枪扫射, 再用刺刀乱戳, 最后浇以煤油, 纵火焚尸……日军少尉向井和野田在紫金山下进行的"杀人竞赛"更是骇人听闻。据日本《东京日日新闻》报道: "在他俩碰头的时候, 向井已杀了106个 (中国人), 野田已杀了105个 (中国人), 两个人拿着缺了口的军刀相对大笑。"可以想见, 日本侵略者是何等的丧失人性啊!

同时, 日军肆意侮辱、奸杀中国妇女。据《远东国际军事法庭判决书》确认: "在占领后的一个月中, 在南京市内发生了二万左右的强奸事件。"无论老少, 都难以幸免。许多妇女在被强奸之后又遭枪杀、毁尸, 惨不忍睹。

据1946年2月中国南京军事法庭查证: 日军集体大屠杀28案, 杀死19万中国人, 零散屠杀858案, 杀死15万中国人。就连

带你走进博物馆

日本当时的同盟国——法西斯德国驻中国代表都认为"这不是个人的而是整个（日本）陆军本身的残暴和犯罪行为"，他们是"兽类的集团"。

这触目惊心的数字是用中国人的鲜血写成的，是任何人无法抹掉的历史事实。

如今，每年的12月13日，南京市上空都会警钟长鸣。"300000"，这是中华民族曾经遭受的耻辱，是时刻鸣响在每一个中国人耳畔的警钟！

二、3500万：一场空前的人间浩劫

20世纪30-40年代，当时贫弱的中国遭遇了一场空前浩劫。日本帝国主义实行野蛮侵华战争，肆意屠杀中国军民，强行掠取劳工，蹂躏和摧残妇女，制造了一系列灭绝人性的惨案，使中华民族蒙受巨大损失。据不完全统计，抗日战争期间，中国军民伤亡3500多万人，经济损失6000多亿美元（按1937年的比值折算）。

日军的野蛮入侵，如同厄庇墨透斯打开了潘多拉的盒子，使灾难和罪恶迅速在古老的中华大地上蔓延。他们每侵入一个地方，都要纵火、屠杀与奸淫妇女，制造无数人间地狱。

1931年的9月18日，日军悍然发动九一八事变并迅速占领整个东北后，这些刽子手便举起了血腥的屠刀。在抚顺，血洗3000多人的平顶山村，连襁褓中的婴儿都不放过；在锦西，只有84户400余口人的下五家子村，一天之内便被杀了378人；在依兰县，为霸占土龙山肥沃的土地，血洗12个村屯，烧毁1000多间房屋，杀害1100多个当地百姓；在大连，为镇压"抗日放火团"，捕捉2000多名工人与农民并施以

酷刑，许多人被迫害致死，而被毒打导致伤残的更是不计其数……

1932年1月28日，日军突然进攻上海，给上海人民带来深重灾难和巨大损失。据当时国民政府中央统计处的不完整统计，在上海市政府管辖区内（包括闸北、吴淞、江湾等），被日军蹂躏的区域面积达3297平方公里，其中上海市区被侵占面积达474平方公里，损失总数达15.6亿元，遭直接损害达18万多户，81.4万余人，死亡6000余人，受伤2000人，失踪1万余人，房屋损失达2.4亿元。全市其他地区财产受到直接或间接损失尚未统计在内……

冀东潘家峪1230名平民百姓惨遭杀害并焚尸，1100间房屋被烧毁；上海青东1000余人被屠杀或被活埋，5万户人家破人亡、妻离子散；豫北长垣县17000余无辜群众在一天中被集体屠杀，许多妇女遭日本兵强奸、轮奸后被杀害；豫北浚县4500多名群众被杀，500余名妇女被奸污，1000余间房屋被烧毁……

自1938年6月29日波田支队使用化学武器攻破马当要塞之后，日本侵略者沾满血污的铁蹄便由彭泽登陆，窜上江西大地。在江西，日寇进行了长达七年的蹂躏。据不完全统计，当时全省共84县，竟有78个县遭到日军烧杀淫掠，难民和伤病员达510万以上，土地荒芜300多万亩，全省人口由战前的2000多万，锐减至1300万以下。全省伤亡504450人，其中死亡313249人，重伤83529人，轻伤107672人；被烧毁房屋391874栋，财产损失达1007202334千元（法币）。这些详细数字是通过战后科学、严谨、细致的调查统计工作才得出的，不容轻易否认。

1942年7月18日，日军到南昌市郊的

带你走进博物馆

塘南地区掠夺财物，抓了数十名当地农民为其搬运抢到的物资，陈凤水不幸成为其中一员。一路上，日本兵对这些农民百般虐待，强逼他们将手伸进滚烫的油锅捞食物，令他们像狗一样趴在地上舔食伴有屎尿的饭菜，还强迫他们喝桐油，不从者即被当场活活打死。快到日军据点时，日本鬼子又拿他们当作练习刺杀的活靶子。陈凤水是第五个被刺杀的。日本兵先对准他的腰背部猛刺一刀，穿透肚子，拔出刀后，趁他未倒，又从背部刺入一刀，穿透胸膛。陈凤水当即昏死过去。半夜，陈凤水苏醒

河北承德"无人区"惨死同胞遗骨

过来，用了四个多小时，极度艰难地爬出了险境。陈全婆也是这场屠杀的幸存者之一。他被日本兵打中一枪，躲在尸体堆里，待鬼子走后，被抚河对岸的亲戚搭救。那颗罪恶的子弹，直至他逝世，也一直没有从体内取出。而在那一天，日军在塘南地区集体屠杀860余人，数十户被杀绝，先奸后杀妇女30多人。抚河水面漂浮着许多死难百姓的尸体，河水被染得血红。

日本帝国主义在中国犯下的滔天罪行，罄竹难书。这一笔笔的血泪账，炎黄子孙是永远不会忘记的。我们不会忘记日本侵略者留在中国的千人坟万人冢，我们不会忘记他们的残暴与贪婪。

"3500万"，是人类历史上空前的浩劫，是中国人民心中永远的痛与恨！

第四部分——文物告诉你

带你走进博物馆

抗战馆的文物征集收藏是伴随着建馆开始的，经过20年的不断努力，抗战馆的各类藏品已从最初的1700余件增加到近1万余件。在抗战馆的藏品中，每件文物后面都有着鲜为人知的故事，记录了抗战历史的点点滴滴，为我们进一步了解那段历史，提供了最生动的见证。

蒋光鼐将军的宝石戒指

2002年1月28日是"淞沪抗战"70周年纪念日，这天蒋光鼐将军的家人郑重地将一枚金灿灿的戒指捐献给中国人民抗日战争纪念馆，这是爱国华侨在"淞沪抗战"期间送给蒋光鼐将军的特殊礼物。

这枚戒指中间镶嵌一块名叫"化险石"的椭圆形宝石，晶莹

宝石戒指

光洁，散发一种奇异光泽。戒指看似普通，却有着非常大的历史价值。

1932年1月28日晚11时30分，日军突然派出海军陆战队向上海闸北的中国驻军发动攻击。当时驻守上海的中国军队是以蒋光鼐为总指挥的国民政府军第十九路军。十九路军是陆军，兵员约3.3万余人。而日军则是海陆空协同作战，飞机40余架，战舰17艘，驱逐舰约20艘，还有火力强劲的坦克、大炮，并且不断增兵，兵力最多时达到八万余众。敌我力量悬殊。面对日军强兵压境，蒋光鼐没有退却，十九路军没有退却，在全国人民抗日热潮的推动和影响下，他们抱着"为中华民族图生存，为中国军人争人格"之信念，不顾国民党顽固派的强烈反对，奋起抵抗。

正当十九路军与敌人浴血奋战之时，各界人士和海外华侨的支前活动也进行得

如火如荼，有位崔姓归国华侨受人之托来到十九路军六十师后方办事处，拿出一枚戒指，恳请工作人员转交蒋总指挥。据崔某介绍，"化险石"产自非洲，当地部落发生战争时，多用鸟血喷涂箭身，中箭者见血即死，而佩戴此石就能幸免于难，当地

昼夜，成功粉碎日军5次总攻，致使日军三度增兵，三易其帅，损失万余兵力，取得辉煌战果。蒋光鼐时刻戴着侨胞赠送的戒指，沉着而勇敢地指挥战斗。

一块颇具特色的牌匾

舍身取义牌匾

人视为护身宝，这便是"化险石"名称的由来。这枚镶着"化险石"的金戒指寄托了广大华侨对抗日爱国将领的至深爱护和对侵华日军的无比痛恨之情！十九路军在"淞沪抗战"一役中以一当十，与敌激战32

"舍身取义"光荣匾，长2.5、宽0.8米，蓝底，正中镌刻四个金色大字"舍身取义"。字的上方阳刻一方印："晋冀鲁豫边区政府"。匾的左侧竖刻："山交编村全体干部群众敬立，民国三十五年四月十五日。"匾

带你走进博物馆

的右侧竖刻几行字："晋冀鲁豫边区政府奖给——英勇的广生同志：你在民族革命当中，任人民武装主任，历经与敌伪斗争数载，不屈不挠，始终保卫群众利益，勇敢积极，为革命坚持到底。不幸于三十三年四月十五日被敌包围，为保护群众退却牺牲敌手，血迹垂世、英名不朽，凡革命志士踏血前进，庚续革命成功矣。"

匾上的广生同志，姓田名景云，广生是他的小名。田景云在抗日战争后期，任山西武乡县武西区武装部民兵主任。他所出生并成长的武乡县故城镇茅庄村是远近闻名的战斗村。1944年春，日军袭击茅庄村。党员田景云等三人为掩护大家突围而被捕。敌人对他们毒打审问，三位英雄英勇不屈，一直痛骂敌人。恼羞成怒的敌人最后无计可施，把他们残酷的枪杀了。直到最后一刻，他们还高喊："打倒日本帝国主义！

中国共产党万岁！"

这块杨木匾是由当时的小学教师曹逢春书写的，原来悬挂在田景云家的大门口上方，今天被中国人民抗日战争纪念馆收藏展出。

肖克将军的手稿及中央的回电

1990年，为筹备《北京地区抗日斗争史料展》，抗战馆收到肖克将军捐赠的珍贵手稿。

这份手稿是写在8张宽16.5、长28厘米的宣纸上，边角有些磨损，纸张已经发黄，上面还有水渍，在手稿的后面还附有中央的回电抄件。在极为险恶的战争年代，保存到现在实属不易。

肖克将军在手稿中首先分析了冀热察游击战争的形势。指出平西已形成了巩固的根据地，冀东是游击根据地，平北的游击根据地已经开始形成。强调要创造以平北为中心的冀热察根据地，必须以"巩固平西，坚持冀东，开展平北"的三位一体的基本方针作为发展战略。中央在回电中完全肯定了肖克同志的意见。指出：中央规定你们的战略任务是确保平西根据地，发展冀东游击战，直至热河山海关，并准备将来向辽宁前进，这同你们所提的三位一体的任务是一致的。事实证明肖克同志提出的"三位一体"的战略具有重要意义。它不仅牵制了数量庞大的日伪军，还威胁震撼着北平、天津、唐山、张家口、承德、山海关的伪蒙军政首脑机关；并为建立连接东北的通道做好了准备。肖克将军的珍贵手稿被文物鉴定专家组定为一级文物。

肖克将军的手稿及中央的回电

带你走进博物馆

齐白石与 《七鸡图》

在抗战馆藏品中，有一幅齐白石的《七鸡图》。画面上有七只栩栩如生、活灵活现的小雏鸡。左侧有题款"卢沟有事后无画兴，今秋翻陈案矣。白石"，右侧有启功先生题跋"此寄萍老人兴会极高之作，盖卢沟变后，水火之中，虽时弄翰，宁有佳兴。此幅题云今秋翻陈案矣，乃指敌寇投降，画中史料可实也"。

艺术大师齐白石是一位爱国者。卢沟桥事变后北平沦陷，亡国奴的痛苦与耻辱使他愤然辞去了北平艺术学院和私立美专的教授职务，闭门谢客。把一腔的忧郁、国家沦亡的愤恨、丧偶的苦痛和对故土的眷恋之情、对友人的思念，一一倾注在诗书画印之中。

当他得知日本侵略军已经日暮途穷时，心中十分兴奋，开始以老鼠螃蟹为题材做画，借以讽刺日本侵略者和汉奸。

日本宣布投降后，白石老人和亲朋好友举杯相庆，乘兴写了一首诗："柴门常闭院生苔，多谢诸君慰此怀。高士虑危缘学佛，将官识字未为非。受降旗上日无色，贺劳樽前鼓似雷。莫道长年亦多难，太平看到眼中来。"

抗战胜利后，他又恢复了卖画刻印的生涯。这幅《七鸡图》就是白石老人在这个时期画的。七鸡即取七七的谐音，暗指卢沟桥事变。经过几十年风雨飘摇，这幅画终于回到了七七事变的爆发地。

七鸡图

二十九军与大刀的故事

在反映卢沟桥事变的展柜中，陈列着二十九军官兵使用过的大刀、钢盔和子弹壳。其中大刀的尺寸为长83、宽8厘米。它的主人名叫杨云峰，是二十九军的一位排长。当年，他就是用这把大刀杀得敌人闻风丧胆，鬼哭狼嚎。

九一八事变后，日本侵略军迅速占领了中国东北三省，继而又妄图侵占整个华北。中国军队以长城为阵地，抗击着武装到牙齿的凶恶敌人。在长城抗战中，敌我双方阵地争夺呈拉锯战，短兵相接之时，二十九军的大刀发挥了威力。中国将士趁着夜色奇袭敌营，他们摸进敌营后，不打枪不投弹，只管抢起大刀，像切西瓜似的一刀一个，四下里只听"叽哩喀嚓"的刀砍声。不到一个时辰，600多个鬼子全都做了

二十九军杨云峰使用过的大刀

刀下之鬼。

在保卫卢沟桥的战斗中，二十九军大刀队夜袭敌阵，夺回了铁路桥和龙王庙。日本侵略者在宛平城下卢沟桥头又一次领教到了二十九军大刀的神威。

为什么二十九军大刀有如此神威呢？原来，何基沣副旅长曾赴淞沪考察军事。他

带你走进博物馆

看到日本军队的武器装备后，感触很深。他认为：打击日本强盗，要扬我之长，击敌之短。主要靠近战、夜战、山地战，发挥短兵器、冷兵器的长处。比如大刀，就是我们的传家宝。在军长宋哲元的支持下，从各师挑选出300名精壮士兵组成大刀队。在精通刀法的武术教师精心指导下，刻苦训练，终于练就了高超的杀敌本领。

杨云峰的大刀静静地躺在展柜里，似乎在向我们诉说当年的战斗……

劳工用过的桦树皮做的烟盒

花冈劳工的血泪见证

展厅里有一组花冈劳工的文物：残存的被面，被岁月汗渍浸染的烟杆、烟盒，劳工用过的饭勺。这些文物无疑已变成铮铮硬骨，受尽冤屈磨难的灵魂，在诉说一桩桩人间悲剧，控诉日本帝国主义的罪行。

1944年至1945年，也就是日本侵华战争的末期，丧心病狂的日本帝国主义先后把近4万中国战俘和无辜百姓掳劫到日本，充当非法劳工。1945年6月30日，986名在秋田县花冈鹿岛事务所的劳工暴动，就像沸腾的岩浆冲出地壳，这就是震惊东瀛岛国的花冈劳工暴动。

被掠来的人从十几岁到五十几岁年龄不等，每天早晨5点钟就得起来干活。早饭每人一个小馒头和一块萝卜干。夜里睡觉一条被褥都没有，不知几次被冻醒。因为饿得厉害，有人便偷偷揪野草吃，一旦被发现就遭大棍抢打。有人误食了有毒的草，口吐白沫，痛苦而死。因为饥寒生病，倒下就被送进重病室，进了那里的劳工几乎必死无疑。而在填写死亡报告的时候，把死因"营养缺乏"、"脑部受伤、打伤"等一律改成"日本脑炎"、"霍乱"。

暴动的风暴就在这样血雨腥风的夜晚酿成了，与其坐以待毙，不如奋起反抗。暴动大队长耿谆等制定了暴动计划：割断电话线，确定逃跑的方向、路线，解救美国、朝鲜人。

1945年6月30日晚，忍无可忍的劳工奋起反抗，处死4名日本监工和1名中国内奸。暴动失败后，他们被抓回，被罚跪在炎炎烈日下暴晒，三天三夜不给米水，进行灭绝人性的逼供拷打，当场死亡113人。1945年12月，幸存者回国，共有418人死亡。仅一年多的时间，被虐待致死者高达42.2%。然而，这一震动当时的惨案却被默默封存了四十年。后来，经旅日华侨及有良知的日本友人的努力，在日本秋田县大馆市建起殉难烈士碑。每年6月30日为纪念日。举行各种慰灵纪念仪式。

据有关资料记载，正是花冈暴动大队长耿谆等人在抗日战争胜利后回国时，带回花冈劳工残存的被面，烟盒、烟杆，饭勺……以告慰不屈的灵魂，警示后人勿忘国耻，振兴中华。

带你走进博物馆

第五部分——抗战精神垂千古

2005年9月3日，胡锦涛在纪念中国人民抗日战争暨世界反法西斯战争胜利60周年大会上发表讲话，他指出：

"在空前惨烈的抗日战争中，中国军民前仆后继、浴血奋战，面对敌人的炮火勇往直前，面对死亡的威胁义无反顾，以血肉之躯筑起了捍卫祖国的钢铁长城，用气吞山河的英雄气概谱写了惊天地、泣鬼神的壮丽史诗。杨靖宇、赵尚志、左权、彭雪枫、佟麟阁、赵登禹、张自忠、戴安澜等一批抗日将领，八路军'狼牙山五壮士'、新四军'刘老庄连'、东北抗联八位女战士、国民党军'八百壮士'等众多英雄群体，就是中国人民不畏强暴、英勇抗争的杰出代表。经过艰苦卓绝的长期抗战，中国人民从战略防御到战略相持，进而发展到战略反攻，终于在世界反法西斯战争走向胜利的进程中彻底打败了日本侵略者。"

杨靖宇

杨靖宇（1905—1940），原名马尚德，河南确山人。1927年5月加入中国共产党。1929年春，杨靖宇奉命调至东北工作，先后担任中共抚顺特别支部书记、哈尔滨道外区委书记、哈尔滨市委书记等职。

九一八事变后，杨靖宇代理中共满洲省军委书记，组建南满抗日武装力量。1932年11月，以省委代表身份，到盘石、伊通、海龙、桦甸等地巡视，将盘石、海龙的工农义勇军分别改编为南满、海龙游击队。1933年9月，成立东北人民革命军第一军，杨靖宇任军长兼政委。在此期间他重视对其他抗日力量的联合工作，1934年4月，南满抗日联合军总指挥部成立，杨靖宇为总指挥。1935年6月，率部歼灭日伪"东边道"（今吉林省通化一带）少将"剿匪"总

杨靖宇

带你走进博物馆

司令邵本良部下1000余人。中共中央于1936年2月10日发布《为建立全东北抗日联军总司令部决议草案》，2月20日，由杨靖宇等具衔发表了《东北抗日联军统一军队建制宣言》，建立东北抗日联军第一至六军，他任第一军军长兼政治委员，下辖三个师，共2000余人。是年6月，抗联一

军和二军合编为东北抗日联军第一路军，杨靖宇任总指挥兼政治委员。1936年、1937年，杨靖宇组织第一军的一师、二师向热河方向西征。部队突破重重封锁，打到本溪、沈阳附近，在梨树甸子一带袭击"讨伐队"，缴获了一批武器。在本溪附近的摩天岭，与日本金田部队发生激战，毙敌400余人。

1937年，全国抗日战争爆发后，东北抗日联军在敌后全力牵制敌军，配合关内抗战，抗联第一路军发展到16000余人，进行大小战斗数十次，给敌人以沉重打击。同时在盘石、临江等13个县的广大农村，初步建立了抗日根据地和游击区。

1938年6月，杨靖宇把第一路军所属部队编为三个方面军，并划分了各自的活动地区。杨靖宇亲率第一方面军多次袭击日伪军，1939年春节后，在桦甸县目箕河

上游森林木场，一举消灭敌警备队长以下240余人。

全国抗战进入相持阶段之后，抗联的斗争进入了极端艰难的时期。在敌人残酷进攻下，南满抗日游击根据地全部被破坏，不得不转入人烟稀少的密林之中。一切供应全断绝了。没有粮食和军需品，常以草根、树皮充饥，但杨靖宇仍指挥第一路军同敌人进行顽强斗争。

1940年初，杨靖宇率部到吉林濛江县境，由于叛徒出卖，遭到敌重兵围堵。他们昼夜行军作战，处境艰难，战士们一个个英勇牺牲。2月23日，杨靖宇只身一人被包围在濛江县三道崴子林中。面对如蝗拥来的敌人，他手握双枪，利用树林作掩护，与敌人激战近半小时，身中数弹，壮烈殉国。时年35岁。残暴的敌人不明白杨靖宇在这冰天雪地之中，在完全断绝了粮食的情况下，到底吃什么东西能坚持打这么久，就切开了杨靖宇的肚子。当他们发现杨靖宇的胃内只有草根、树皮和棉絮，竟无一粒粮食时，十分震惊，不得不承认：杨靖宇，中国的英雄。

1948年东北解放后，杨靖宇的遗首被送到哈尔滨东北烈士纪念馆。1957年，杨靖宇遗首与遗体合葬于通化市。1958年杨靖宇牺牲的地方被命名为"靖宇县靖宇村"。

赵尚志

赵尚志（1908-1942），辽宁朝阳人。1925年加入中国共产党，同年入黄埔军校学习。抗战时期，他指挥的抗日联军与日寇周旋在林海雪原、驰骋在松花江畔，创造了东北战争史上的奇迹，被称为"北国雄狮"。

1931年九一八事变后，赵尚志到东北

带你走进博物馆

带你走进博物馆

宣传抗日主张，并很快地组织了一支抗日队伍，逐渐创立了以珠河、宾县为中心的抗日根据地。赵尚志创建的东北抗日根据地不断扩大，日军逐渐将他视为眼中钉、肉中刺。1934年，日军决定对他组建的抗日游击队进行"围剿"。赵尚志带领抗日游击队采用机动灵活的游击战术与日军进行作战，多次跳出日军的包围圈，并在冰趟子对日军进行伏击，击毙日军200多人。对于赵尚志出色的军事才能，日军慨叹道："小小的满洲国，大大的赵尚志！"

随着日军对东北抗日根据地"围剿"的加剧，东北抗联逐渐陷入了困境。1942年2月12日，赵尚志受特务刘德山诱骗，率领包括刘德山在内的4名抗联战士去袭击梧桐河警察分驻所。当他们快到梧桐河警察分驻所时，刘德山趁赵尚志不备，从背后向赵尚志开枪，罪恶的子弹穿透了赵尚志的腹部。身受重伤的赵尚志命令一名抗联战士带走所有重要文件后，向事先埋伏好的日军进行射击，但因他失血过多，不久昏迷过去，不幸被日军俘获。日军对赵尚志进行了突击审讯，他宁死不屈、视死如归，大义凛然地怒斥敌人："你们离我远点，我闻你们腥！"并怒斥伪警察说："你

赵尚志

们不也是中国人吗！现在你们出卖了祖国……还有什么可问的呢。"赵尚志因伤势过重，壮烈牺牲，年仅34岁。凶残的日军把他的头割下运到长春，把他的躯体扔到冰冷的松花江中。

新中国成立后，中国共产党为纪念赵尚志，将珠河县改为尚志县。毛泽东对赵尚志给予了高度评价："有名的义勇军领袖杨靖宇、赵尚志等，他们都是共产党员，他们坚持抗日艰苦奋斗的战绩是人所共知的。"

左权

左权（1905-1942），湖南醴陵人。1924年入黄埔军校第1期学习，1925年2月加入中国共产党。全国抗战爆发后，担任八路军副参谋长、八路军前方总部参谋长，后兼八路军第二纵队司令员，业务细致，工作扎实。1940年秋，协助彭德怀指挥著名的百团大战。1941年11月指挥八路军总部特务团进行黄崖洞保卫战，经8昼夜激战歼敌千余人。

左权还是一位有理论修养的军事家。从1939年至1941年，他撰写了《论坚持华北抗战》、《埋伏战术》、《袭击战术》、《战术问题》、《论军事思想的原理》等文章40余篇。左权为创建并巩固华北抗日根据地，发展壮大人民抗日武装，为八路军的全面建设，建立了不朽的功勋。1942年5月，左权将军在山西辽县麻田附近的反"扫荡"作战中，为掩护八路军总部转移，被一弹片击中头部，壮烈牺牲。

在展厅内有一架精心保存的望远镜，表面黑漆依然完好，光洁如新，只是皮质的镜套有些斑驳，明显带着岁月痕迹。这是八路军缴获日军的战利品，左权将军曾经使

带你走进博物馆

带
你
走
进
博
物
馆

用过它。后来左权把它交给八路军总部后勤部的曼丘同志。曼丘，原名帅士义，曾任八路军后勤部工程师、科长等职，负责总部所在地水利、军工厂等的基建设计与施工。1939年，为了寻找一处比较隐蔽的地方修建兵工厂，曼丘工程师跟着左权将军爬山越岭，四处勘探。一天，左权看见曼丘没带望远镜，工作起来非常不便，便取下自己的望远镜送给他。曼丘用上了望远镜，视野更开阔，工作更方便。他们找了许多地方，经过比较，左权将军看中了一块能打能藏、易守难攻的军事要地，创建了著名的黄崖洞兵工厂。因为具有年产5000支新式步枪及大量掷弹筒、

左权

地雷、子弹等武器弹药的生产能力，被朱德总司令称为八路军的"掌上明珠"。曼丘参与了黄崖洞兵工厂的设计与施工。1982年，年迈的曼丘在一次偶然的机会里遇见了左权将军的女儿左太北女士，诉说了这架望远镜的来历，并执意把它还给左太北。如今，左太北女士将这架望远镜无偿捐献给中国人民抗日战争纪念馆，成为爱国主义教育最好的题材之一。

左权将军留下的另一份珍贵遗物就是他在1937—1942年写给母亲、叔叔和新婚妻子刘志兰的十三封家书。刘志兰女士1982年将其郑重交给女儿左太北。这些家书手稿不仅为八路军抗

战史增添了辉煌的篇章，最大的亮点是使过去高大伟岸的形象注入了更多细腻的亲情色彩和爱恨情仇，成为博物馆最感人、最新颖的陈列语言。

十三封家书除了左权写给母亲和叔叔的两封信写于1937年，其余十一封信都写于左权与刘志兰1939年新婚后至1942年5月壮烈殉国的戎马倥偬、战火纷飞的离别岁月中。1939年2月中央巡视团到达山西前线，巡视团成员、参加过北平一二·九学生运动的北平师范大学学生刘志兰随团来到山西后留在晋东南北方局妇委会工作，经朱德总司令做牵线红娘，左权与刘志兰结婚并于次年生下了女儿左太北。家书诞生的历史背景正是百团大战前后，"黄河东岸太行陬，封锁层层不自由"、"抗战紧急，内战又起，国人皆忧"，共产党和八路军、新四军作为民族战争的砥柱中流方显英雄本色的艰苦卓绝的时刻。家书从一位八路军高级指挥员的视野来叙述这一段历史，使后人更能深切体会到共产党"坚持抗战、坚持团结、坚持进步，反对投降、反对妥协、反对分裂"的决心和行动是何等坚强与果敢。字里行

左权的家书以及和妻儿的合影

带你走进博物馆

间充满了对刚刚结为伴侣、刚刚投身残酷革命战争的知识女性——刘志兰的指导与帮助、生活上无微不至的关心与呵护，对刚出生才几个月的女儿无限思念。十三封家书呈现出百团大战前后太行抗日根据地人民上上下下的战时生活和家庭生活。"志兰：接何廷英同志上月二十六日电，知道你们已平安的到达了延安。带着太北小鬼长途跋涉真是辛苦你了。当你们离开时，首先担心你们通过封锁线的困难，更怕意外的遭遇。今天安然到达了老家——延安，我对你及太北在征途中的一切悬念当然也就冰释了……"

左权是我军在抗日战争中牺牲的最高将领。朱德称赞他是"中国军事界不可多得的人才"，周恩来在重庆新华日报上发表悼文《左权同志精神不死》，称他是"有理论修养同时有实践经验的军事家"。

彭雪枫

彭雪枫（1907－1944），原名彭修道，河南镇平人。1925年加入中国共产党。大革命失败后，在天津、上海等地从事中共的秘密工作。

1930年起，任中国工农红军第三军第三师政委。1933年，任红一方面军第三军团第四、六师政委。1934年，任江西省军区政委、中央军委第一局局长。在长征途中，任红军团第四师师长。1936年10月化名雨蜂，在太原设立"彭公馆"，对阎锡山作统战工作，使他在西安事变时期持中立态度。七七事变后，彭雪枫任八路军总部参谋处处长兼太原办事处主任，协助周恩来与阎锡山达成八路军从陕西韩城、潼关东渡黄河，开赴山西抗日的协议。

1938年2月驻太原办事处撤消，彭雪

新四军第四师师长彭雪枫（左二）等人的合影

余支，轻重机枪23挺，迫击炮3门，建立了以永城书案店为中心的豫皖苏抗日游击区。

1938年9月，彭雪枫率部移至新兴集一带。豫东游击队改编为新四军第六支队，彭雪枫任支队司令员兼政委。此时部队已拥有九个团，达12000余人。1941年第六支队又改编为新四军第四师，彭雪枫任师长，后兼任淮北军区司令员。7月，四师陈道口战役，取得反顽斗争的胜利。1942年以后，彭雪枫主持淮北根据地及四师工作。他重视部队建设，使四师这个抗战后才创建的部队具有很强的战斗力。1942年11月中旬，日军出动近万人对淮北地区进行大"扫

枫任河南新四军竹沟后方留守处主任、豫东游击队司令员兼政委。在此期间，彭雪枫创办教导队，培养青年1000余人，为抗日武装的建立培养了有生力量。徐州失守后，他率领新四军豫东游击支队300余人向豫东敌后挺进，转战豫皖苏三省边界。经过艰苦征战，在八九个月的时间里就击毙、击伤、俘虏日伪军1800余人，缴获步枪1200

带你走进博物馆

荡"。彭雪枫率领边区人民实行坚壁清野，灵活机动地打击敌人。他还主持历次淮北参议会议工作，奠定民主政治基础。彭雪枫对四师及淮北抗日根据地工作做出了重大的贡献。

1944年9月11日，彭雪枫率部在河南夏邑县八里庄与日伪军作战时不幸中弹，壮烈牺牲。时年37岁。

闻讯，陈毅同志悲伤不已，当即撰文《哭彭雪枫同志》：

吾党匡天下，得君亦俊才。

壮哉身殉国，遗爱万人怀。

雄气压陇海，英风断淮河。

荣哀何有尽，万众泪滂沱。

1945年2月，延安各界为彭雪枫举行了隆重的追悼会。中共中央送的挽联是"为民族为群众，二十年奋斗出生入死，功垂祖国。打日本打汉奸，千百万同胞自由平等，泽被长淮。"毛泽东、朱德送的挽联是"二十年艰难事业，即将彻底完成，忍看功绩辉煌，英名永在，一世忠贞，是共产党人好榜样；千万里山河破碎，正待从头收拾，孰料血花飞溅，为国牺牲，满腔悲愤，为中华民族悼英雄。"

佟麟阁

佟麟阁（1892-1937），原名凌阁，字捷三，河北高阳人。1908年在高阳县衙任缮写。1911年佟麟阁投笔从戎参加了冯玉祥部队，随军转战南北屡建战功，历任连长、营长、团长、旅长、师长等职，1926年兼任陇南镇守使。他为人正直，作战英勇，治军严明，很受冯玉祥的器重。1931年宋哲元被任命为国民党陆军第二十九军军长，佟麟阁任副军长。

1933年5月，冯玉祥司令建立察哈尔

省民众抗日同盟军。佟麟阁任第一军军长。他积极与吉鸿昌、方振武领导的第二、三军配合，顽强奋战，收复了宝昌、多伦等地。1936年初，应张自忠、冯治安、赵登禹等人联名邀请，佟麟阁出任二十九军副军长兼军官教导团团长，后又兼任军训团团长。在军训团成立大会上发表了慷慨激昂的讲话："日本不断侵逼我国，是我们的仇敌。抗日保国是军人的天职……一旦日寇把战争强加在我们头上，我们立即反击。我个人一定和大家一道拿起武器奋勇杀敌，为民族的生存而战斗，为祖国的荣誉而献身。"

卢沟桥事变爆发后，佟麟阁力主以国家民族利益为重，奋起抗战，反对保存实力、对日妥协的主张。他说："此杀敌报国之时也，吾辈首当其冲，战死者光荣，偷生者耻辱。荣辱系一人者轻，而系于国家

佟麟阁

民族者重。国家多难，军人应马革裹尸，惟以死报国。"

1937年7月13日，佟麟阁与二十九军诸将领联名通电全国："保卫祖国，义不容辞，慷慨赴义，理所当然。"日军在占领廊坊之后，发出最后通牒，限二十九军于24小时内离开北平，被二十九军拒绝。于是

日军直逼南苑。7月27日是佟夫人彭静智的生日，她电请丈夫赶回北京家中。佟麟阁复电说："国家多难，军务紧急，大丈夫应效马援，用马革裹尸还乡，家中事拜托你了，要孝敬好父母，教育好子女。"这份电报竟成了他的遗嘱。7月28日拂晓，日军向北平南苑、西苑、北苑发起全线进攻。佟麟阁亲临一线指挥作战，在敌人的猛烈轰炸下毫不退让，即使腿部中弹也坚持战斗。最后不幸被弹片击中头部，血洒疆场，壮烈殉国。时年45岁。

1937年7月31日，国民政府追认佟麟阁为陆军上将。1945年抗战胜利后，北平人民为永远纪念这位在抗日战争中最早牺牲的高级将领，把北平南沟沿改为佟麟阁路。1946年7月28日，北平政府将佟麟阁将军忠骸移葬香山风景区南的兰涧沟山坡上，这里松柏成林，庄雅幽静，曾是将军生前十分喜爱的地方。

新中国成立后，1979年8月7日，中共北京市委发出通知，追认佟麟阁将军为抗日阵亡革命烈士，并拨专款修复了佟麟阁将军墓。

赵登禹

赵登禹（1898—1937），山东菏泽人。自幼习武，对太极、八卦、少林等拳术及刀、枪、剑、戟诸兵器都有功夫，尤善徒手夺刀、赤手夺枪。

1914年春，14岁的赵登禹到西安投奔了四十六混成旅冯玉祥部，被分配到第一团佟麟阁连。后因体格健壮，武艺高强，到冯玉祥身边当了贴身卫兵。1918年，在湖南常德一带驻防时，赵登禹与将士们打死了一只经常下山伤人的猛虎，在老虎咽气之前，赵登禹骑虎拍照留念，冯玉祥在照片上

赵登禹

签名并题字:"民国七年的打虎将军"。1922年,赵登禹下部队任排长,他剽悍善战,连获晋升,历任连长、营长、副团长等职。1927年晋升为旅长。1928年,他任二十七师师长,转隶第四方面军宋哲元部。1929年回任二十八旅旅长。中原大战后,被张学良收编,任第二十九军三十七师一○九旅旅长。

九一八事变后,1933年3月,日军大举侵犯热河,长城抗战爆发。3月9日,日军铃木师团尾追中国撤退部队,向长城喜峰口前进。赵登禹旅奉命从遵化经三屯营向喜峰口急进防堵。

在战地召开的营级干部会上赵登禹提出夜袭日军的方案。他说:"抗日救国,乃军人天职,养兵千日,报国时至。只有不怕牺牲,才能救亡。大家要保持我西北军的优良传统,为先我牺牲的官兵复仇!"会后,赵登禹亲率二一七团绕到日军的炮兵阵地,用大刀猛砍猛杀,把敌人野炮营里正在酣睡的官兵杀伤殆尽,又破坏敌炮十八门。喜峰口战役后,二十九军声名大振,赵登禹成为妇孺皆知的抗日英雄。长城抗战结束,二十九军增编第一三

五师，赵登禹任师长。1936年，晋升为陆军中将，兼河北省政府委员。

七七事变爆发后，赵登禹部奉命急驰北平南苑参加对日作战。7月27日，他率领一个团到达距南苑两公里的团河时，遭到日军的截击，双方展开激战，中国军队伤亡过半。赵登禹急率余部赶至南苑，与佟麟阁坚守阵地。

7月28日拂晓，日军以步兵三个联队、炮兵一个联队、飞机四十架，向南苑进攻。日军先以强烈炮火猛攻中国守军阵地，随即以一个联队兵力向中国军队阵地推进。当日军行至阵地前约二百米处，赵登禹亲率部队向敌人冲杀，日军溃退，赵部奋起追击。此时，日军又施猛烈炮击，中国军队被迫停止前进。赵登禹急令预备队增援，他自己一手紧握驳壳枪，一手挥舞大刀，向前冲杀。官兵见师长亲自冲锋陷阵，士气大振，一鼓作气把日军驱退了一里多路。

南苑一带全是平原，无险可守，战斗异常艰险，此时他得到部队立即撤回城内的命令，便指挥部队且战且退，在激战中多处负伤。当部队转移到大红门玉河桥时，遭到日军伏击，赵登禹左臂又中弹，卫士边为他包扎，边劝他退出战斗，他不肯，还继续指挥部队突围北进。至黄亭子，他胸部中弹，壮烈殉国。时年39岁。

赵登禹牺牲后，国民政府追认他为陆军上将。1945年抗战胜利后，北平市政府将西城区从崇元观到太平桥的一段马路更名为赵登禹大街。赵登禹将军和二十九军抗日将士遗骨迁葬于卢沟桥畔。

新中国成立后，中央人民政府给赵登禹家属颁发了革命烈士证书。1980年，又将赵登禹将军墓修葺一新，并树碑纪念。

张自忠

张自忠（1891－1940），山东临清人。1911年考入天津政法学堂，后转入济南法政专门学校学习法律。1914年辍学当兵。1916年投冯玉祥部，后入初级官长班学习，并到模范连学军事。毕业之后历任排、连、营、团、旅长、学兵团长等职。1926年冯玉祥成立国民联军，响应北伐，被推为总司令。张自忠被任命为二十八师师长。1928年兼任开封警备司令和第二集团军军官学校校长。1929年调任第十一军副军长兼二十五师师长。1930年，冯玉祥、阎锡山联合讨蒋失败，西北军被张学良改编为二十九军，宋哲元任军长，张自忠任三十八师师长。

1933年初，张自忠奉命参加长城抗战。1935年张自忠代理察哈尔省主席。"冀察政务委员会"成立，张自忠为委员，仍兼察哈尔省主席。1936年5月，他任天津市长。七七事变后，张自忠代理"冀察政务委员会"委员长、北平绥靖主任兼北平市长等职，与日本进行谈判。日军占领北平之后，要求张自忠通电反蒋，一同反共。遭到张自忠拒绝。后来日方对他的行动处处限制，他不久就化装逃出北平，辗转至南京。12月在河南任第五十九军（由原三十八师扩编）军长。

1938年2月，张自忠指挥五十九军在临沂城郊与日军坂垣师团进行拉锯战。经7昼夜鏖战，取得了临沂战斗的胜利，使坂垣与矶谷师团在台儿庄会合的计划破产，为台儿庄大捷奠定了基础。张自忠升任第二十七军团军团长，仍兼五十九军军长。之后，因战功卓著而广为人知。

1940年5月，日军为了先在汉水东岸击破中国第五战区主力，然后渡河攻开大门

带你走进博物馆

——宜昌，以迫使重庆国民政府接受亡国的和平条件，又集中了十五万人的兵力，发动了枣宜会战。日军分三路进攻枣阳、襄阳、宜昌等地，向第五战区主力实施包围。8月，进至枣阳的日军与中国军队发生激战。张自忠率部从右翼打击向枣阳地区进犯的日军。出击前对众将说："我们这一次一定要同敌人在这条战线上拼到底。拼完算完，不奉命令，决不后退。"5月7日晚张自忠亲率兵部手枪营和七十四师的两个团，从宜城窑湾东渡襄河，截击北进之敌。渡河出击之前，他给三十三集团军副总司令冯治安留下临阵遗嘱："因为战区全面战事之关系及本人之责任，均须过河与敌人一拼，现已决定于今晚往襄河东岸进发。到河东后，如能与三十八师、一七九师取得联络，即率两师与马师不顾一切，向北进之敌死拼。设若与一七九师、三十八师取不上联

张自忠

络，即带马之三个团，奔着我们最终之目标（死），往北迈进。无论作好作坏，一定求良心得到安慰。以后公私，均得请我弟负责。由现在起，以后或暂别或永离，不得而知。"酣战数日，消灭敌军数人。15日，日军万余人向张自忠所率的2000余人夹攻，屡经苦战。16日拂晓，在大洪山区罐子口遭到两侧

山头日军的炮击，被迫退到南瓜店。一直指挥作战的张自忠，此时左臂已负伤。由于部队伤亡惨重，他将卫队参谋、副官悉数派出增援，身边只留下高级参谋张敬一人。敌人的机枪在猛烈扫射，张自忠仍高呼督战，腰部被子弹射中，以后又连中数弹，倒在血泊之中。当敌人冲上来时，两名日军用刺刀刺张自忠时，他抓住刺来的枪挺立而起，但被另一日军刺死。张自忠将军壮烈牺牲，随张将军作战的官兵也全部牺牲。

抗战以来，兵团总指挥兼集团军总司令，亲率队伍冲杀敌人、受伤不退、以身殉国者，张自忠为第一人。牺牲时年仅49岁。枣宜之战，终将日寇围歼第五战区主力的企图彻底粉碎。对战局转危为安起了至关重要的作用。

张将军牺牲后，灵柩运往重庆，数十万民众夹道致祭，到达朝天门码头时，蒋介石带领政府要员齐往迎接。国民政府追晋张自忠为陆军上将，1940年5月28日举行国葬。中共中央在延安也举行了隆重的追悼会。抗日战争胜利后，北平、天津、济南、徐州、汉口、上海等地都设立张自忠路以为纪念。国务院民政部追任张自忠为革命烈士，并颁发了革命烈士证书。

戴安澜

戴安澜（1904－1942），字衍功，号海鸥，安徽无为人。戴安澜在中国抗日战争和世界反法西斯战争中做出了巨大贡献，并因此献出自己宝贵生命。周恩来赞之为"黄浦之英，民族之雄"。他是第二次世界大战中第一位获得美国勋章的中国军人。

戴安澜自幼聪慧好学，立志报国。1925年1月考入黄浦军校第三期，毕业后被分配到国民革命军总司令部。1933年3月，戴

带你走进博物馆

安澜率部在长城古北口与日军激战三昼夜，连续三次击退日军，并重创日军。戴安澜部先后参加了保定漕河之役、漳德彰河争夺战和太行山游击战，屡创日军。1938年春，戴安澜在鲁南会战中发挥了卓越的军事才能，火攻陶墩，智取朱庄，激战郭里庄，为台儿庄会战奠定了胜利的基础。台儿庄一役，戴安澜部浴血奋战，与敌激战十昼夜，打死打伤日军10000多人。戴本人因此荣获华胄勋章一枚。接着，戴安澜率部在中艾山拒敌，坚守阵地，与日军交战四昼夜，打退来犯之敌。中艾山战后，戴安澜因战功卓著，升任第八十九师副师长兼第三十一集团军干部训练教育长。这年8月，戴率部参加武汉会战，成功地将日军阻挡在瑞昌、阳新之间。1939年1月，戴安澜晋升为第二〇〇师师长，授予陆军少将军衔。

1939年底，戴安澜将军带领二〇〇师赶赴广西昆仑关，阻挡北犯日军，遭遇号称"铁军"的日军第五师团第十二旅团。战斗整整持续一个月。戴将军亲临前线指挥，身负重伤仍坚持战斗。这场血战毙敌6000余人，击毙日军旅团长中村正雄，缴获大量战利品。1942年3月，戴安澜将军率万余人远征缅甸。在缅甸东瓜战役中，面对五倍于己的日军，戴安澜将军毫无惧色，他表示："此次远征，系唐明以来扬威国外的盛举，虽战至一兵一卒，也必死守东瓜。"他给夫人荷馨留下遗书，给部属立下遗嘱。率官兵顽强地与日军苦战12天，歼敌5000余人，既保卫了东瓜，又掩护了英军的撤退，取得了出国参战的首次胜利。美国认为东瓜保卫战是"所有缅甸保卫战所坚持的最长的防卫行动，并为该师和他的指挥官赢得了巨大的荣誉"。蒋介石称赞道：中国军队的黄浦精神战胜了日军的武士道精神。日军则无奈的承认东瓜之战是"缅甸战役中最艰苦的一战",戴安澜部是"南进以来从未遭遇之劲敌"。

1942年5月,在奉命收复棠吉之后,戴安澜部陷入日军重围。在转战途中突遭日军重兵伏击,将军胸腹两处中弹,于缅北茅邦村英勇殉国,时年38岁。

灵柩运至国内全州,举国上下,万民悲恸。1943年4月1日,国民政府在全州香山

戴安澜

市为戴将军隆重举行追悼大会,与会者一万余人,纷纷敬献挽诗、挽词、挽联。毛泽东、朱德、周恩来、蒋介石等国共领导人均派代表送来了花圈和挽诗、挽词、挽联。治丧委员会将这些挽诗、挽词、挽联一一登记,装订成八册,其中六册已由将军后人捐献给中国人民抗日战争纪念馆,成为难得的珍贵文物。

1942年10月6日,国民政府颁布命令,追晋戴安澜为陆军中将。10月29日,美国政府向戴安澜追赠懋绩勋章一枚,罗斯福总统亲笔签署颁授勋章的命令。1956年9月21日,中央人民政府追认戴安澜将军为革命烈士。

八女投江

1938年10月上旬,东北抗日联军第二路军第四、第五军主力西征,进入日军控

带你走进博物馆

制较严的中心地区。西征各部队与日军连续苦战后伤亡较大，即转入五常县境内分散活动。第五军第一师为摆脱强敌围追，遂突围东返。10月中旬的一天夜里，转战千里的远征队终于进入林口，宿营于三家子屯以北乌斯浑河南岸的柞木林中。乌斯浑河是牡丹江的支流之一，由南向东注入牡丹江。乌斯浑河平时很浅，人马均可徒涉。此时正值深秋，细雨霏霏，河水暴涨，河边找不到一只渡船。于是，部队就此宿营，由于河的对面就是大部队密营。所以指挥员警惕性也放松了一些，宿营的战士们烧水取暖。不料，火光被汉奸葛海禄发现，报告了住在附近的日军守备队。一千多名日伪军从三面向乌斯浑河南岸抗日联军营地包围过来，向顺山坡而下的大部队开了火。

随该师行动的妇女团有八名女战士，指导员冷云（郑志民）、班长胡秀芝、杨贵珍，战士郭桂琴、黄桂清、李凤善（朝鲜族）、王惠民，被服厂厂长安顺福（朝鲜族）。由于她们宿营在河边，见有敌情便躲进江边的柳毛树丛，敌人没有发现她们。但当看到山坡上陷入重围的师长和战友们，年轻的冷云果断地做出了一个决定，将敌人引向自己，帮助大部队突围！她和两名枪里有子弹的女战士立即组织一个战斗小组，从柳毛丛中爬到江岸上，从背后向敌人发起了袭击。

这些突然炸响起来的枪声将敌人打得大乱，山坡上的大部队

趁机杀出重围，进入了柞木岗西面的密林。而冷云八姐妹却完全暴露。

一千多名敌人全部扑向八个女抗联战士。刺刀闪着寒光，一步步逼近江岸。很快，他们意识到女战士已经没有了子弹，叫嚣着要活捉这些女抗联。在弹尽援绝的情况下，八位女战士从隐身处站立起来，用蔑视的目光看了一眼敌人，相互搀扶着，背起负伤的安顺福，扛着自己的空枪，坚定地向身后的江心中走去。八名女战士没有一个停下脚步，前面的人被江流吞没了后面的人依然向前。她们就这样一个一个被

国画：八女投江（原作藏于中国人民革命军事博物馆）

带你走进博物馆

江水卷走了。激流翻腾的乌斯浑河吞没了她们的身躯。她们为中华民族的解放献出了年轻的生命，她们中最大的二十五岁，最小只有十三岁。"八女投江"的动人事迹，表现了东北抗联战士气壮山河的崇高气节。

如今，一座"八女英魂，光照千秋"的纪念碑巍然耸立，纪念碑旁的八女投江纪念馆已被列为红色旅游点。

八百壮士

当战场硝烟散尽，当苦难成为记忆，当英灵在热血洒播的泥土中安睡，面对远去的历史，除了时光的沧桑，似乎只剩追忆。所幸与那场战争伴行的一件件珍贵文物把我们带入那个血与火的年代。国民政府颁发给八百壮士的忠贞奖章，全国慰劳总会敬赠给八百壮士的"忠党卫国"纪念章和孤军营敬制谢晋元团长纪念像章，"文物胜千言"，透过它们我们看到了历史。

1937年卢沟桥事变，日本发动了全面侵华战争。8月13日，日军进攻上海，淞沪抗战爆发。日寇叫嚣"三个月灭亡中国"，中国守军奋起抗战。在这场长达三个月、规模空前的鏖战中，士兵的伤亡惨烈异常。同时给日寇造成了重创。可谓一寸江河一寸血。淞沪之战粉碎了日军"三个月灭亡中国"的迷梦，而八百壮士固守四行更是中华民族顽强斗志的不屈象征。

10月26日，为掩护大部队撤退，谢晋元团长率领八百官兵，死守苏州河畔四行仓库。数百名铁血战士激战四天五夜，以寡敌众抗击日军上万人，击退日军十余次进攻，毙敌200余人。

历史记得，谢晋元团长的动员何等慷慨激昂："现在我们已成孤军，这仓库是我们中华民族的领土，我们一定要捍卫它，哪怕只剩一人一枪一弹，也要坚持到底，与阵地共存亡！"八百壮士异口同声高喊："死守！"喊出了舍身报国的豪情万丈。四天五夜，壮士们不眠不休苦战。直逼得屡战屡败的日军恼羞成怒，枪炮猛轰，隆隆之声，不绝于耳。汽油浇洒，将四行仓库周围烧成火海一片，熊熊大火，映红天空。

正如当时一首歌中所唱的那样：

"中国不会亡，中国不会亡，你看那民族英雄谢团长；中国不会亡，中国不会亡，你看那八百壮士孤军奋守东战场。

四行战斗纪念章以及发给八百壮士的"忠党卫国"纪念章和忠贞奖章

四方都是炮火，四方都是豺狼，宁愿死不退让，宁愿死不投降。我们的国旗在重围中飘荡。八百壮士一条心，十万强敌不敢当。

我们的行动伟烈，我们的气节豪壮。同胞们起来，快快赶上战场，拿八百壮士做榜样。中国一定强，中国一定强……"

狼牙山五壮士

狼牙山以势若而得名，古时叫过郎山，也叫过狼山。有不少诗文描绘过它的壮美。清代咏《狼山竞秀》的诗中，有一首是："三十六峰插天碧，四面森森如列戟。

带你走进博物馆

雕塑：狼牙山五壮士

争妍骋态斗纤秾，吐物吞霞自朝夕。云门天姥昔曾游，上有五城十二楼。金声不负兴公赋，何日移来近帝州。"更有一首写道："群山突起接青天，控赵包燕势屹然。绿涨影摇松杪日，翠交香溜竹根泉。崖花烂漫铺红锦，石笋参差破紫烟。五老峰高那足比，九嶷堪并隔湘川。"山在北国，景胜江南，这自然十分吸引人了。

1941年，日军对河北易县的狼牙山地区抗日根据地进行了连续的"扫荡"，制造多起灭绝人寰的惨案。9月23日，日军分三路向易县进军，妄图包围杨成武司令员指挥的晋察冀军分区一分区。24日，3500名日伪军突然从四面八方向狼牙山包抄，被合围在山上的地方党政机关和周围村庄的群众达三四万人。形势十分严峻，为解救游击队员与当地百姓，杨成武司令员制定了"围魏救赵"的作战方案，命令佯攻管头、松山、甘河一带日军，促使日军从狼牙山东北方向调兵增援，以便于被围的游击队员与人民群众从狼牙山东北方向突围。邱蔚团长根据此作战方案将掩护部队转移的任务交给七连。

1941年9月25日，夜色逝去前，突围部队已神不知鬼不觉地跳出了狼牙山。七连和部分民兵密切协同，利用狼牙山的天险和改造过的地形，分兵把口，灵活御敌，在敌人必经之路埋下地雷，从各个方向朝敌人射击，造成漫山遍野都是八路军的假象。日军疯狂地向狼牙山方向进攻。为了拖住并吸引日伪军，马宝玉带领葛振林、宋学义等五名战士边打边向棋盘陀方向撤退，把日伪军引向悬崖绝路。当日伪军发现他们已经没有子弹了，蜂拥向山顶冲来，马宝玉、葛振林、宋学义、胡德林、胡福才五人宁死不屈，纵身跳下悬崖。马宝玉、胡德林、胡福才三人壮烈牺牲，葛振林、宋学义被山崖上的树枝挂住，幸免于难。

狼牙山五壮士幸存者葛振林（右）和宋学义（左）

带你走进博物馆

马宝玉等五名战士的英雄壮举迅速传遍全军全国，被誉为"狼牙山五壮士"，1942年5月，晋察冀军区举行了"狼牙山五壮士"命名暨反扫荡胜利祝捷大会，晋察冀军区领导机关授予三名烈士"模范荣誉战士"称号，并追认胡德林、胡福才为中国共产党党员，通令嘉奖葛振林、宋学义，并授予"勇敢顽强"奖章。狼牙山五壮士大无畏的牺牲精神和坚贞不屈的民族气节受到聂荣臻司令员的高度评价，他说："他们身上体现了中国共产党领导的人民军队的优秀品质，体现了中华民族的英雄气概。"

为纪念和表彰五位抗日英雄，当地革命政府在棋盘陀主峰建起了纪念塔。"视死如归本革命军人应有精神；宁死不屈乃燕赵英雄光荣传统。"这是当年晋察冀军区司令员聂荣臻为狼牙山五壮士纪念塔题的词。新中国成立后，狼牙山五壮士的英勇事迹被收录进小学课本。1978年，宋学义因病逝世，长眠于沁阳市烈士陵园。2005年3月21日，在即将迎来抗战胜利60周年之际，葛振林病逝于湖南衡阳，至此，狼牙山五壮士中最后一位也永远离开了人们。

刘老庄连

抗日战争时期，新四军第三师第七旅第十九团第四连82名官兵，在淮北刘老庄战斗中全部壮烈殉国。他们是连长白思才、指导员李云鹏、副连长石学富，排长尉庆忠、蒋元连、刘登甫，文化教员孙尊明、卫生员杨林标……新四军代军长陈毅撰文表

油画：刘老庄八十二烈士

彰："烈士们殉国牺牲之忠勇精神，固可以垂式范而励来兹。"八路军总指挥朱德在《八路军新四军的英雄主义》一文中，把其誉为"我军指战员英雄主义的最高表现"。

刘老庄连是一支历史悠久的战斗力很强的老连队。四连所在的十九团的前身是1927年南昌起义时的教导团，长征时期是红一军团红二突击四团。皖南事变后，改编为新四军三师七旅十九团。部队番号虽然多次变化，但艰苦奋斗、英勇善战的优良传统却一直继续和发扬着。

四连连长白思才16岁参加红军，参加了长征。抗战初期参加了平型关战役。指导员李云鹏当过教员，在抗日救亡运动中参加民族解放先锋队，曾到延安抗日军政大学学习。在他们的带领下，四连经受了刘老庄战斗最严峻的考验，用生命和鲜血谱写了一曲气壮山河的凯歌。

1943年春，侵华日军对江苏北部淮海抗日根据地进行大规模残酷"扫荡"，企妄摧毁淮海根据地，切断山东与华中两根据地的联系。3月18日，敌人突然出现在刘老庄附近，逼近淮海区党政机关的驻地六塘河。第四连奉命组织防御，掩护主力部队和淮海区党政机关转移。全连82人英勇抗击日伪军攻击，使主力部队和党政机关安全转移，自己却陷入日伪军重围。他们在强敌面前，坚定沉着，浴血奋战，连续打退日伪军5次进攻，毙伤日伪军近百人，决心固守。苦战至黄昏，终因寡不敌众，最后弹尽粮绝，全部壮烈牺牲。

战后，第七旅重新组建第四连，并命名该连为"刘老庄连"。当地人民群众为第四连82位烈士举行公葬，修建了"新四军抗战八十二烈士之墓"的墓碑，并选送82名优秀子弟补入该连。中华人民共和国成立后，为纪念烈士，当地人民政府在烈士殉难处建立了刘老庄烈士陵园。

第六部分——结　语

历史证明，中华民族是一个热爱和平的民族。中国的抗日战争是世界反法西斯战争的重要组成部分，中国人民是为了民族的独立解放而战，也是为了世界和平而战。中国人民抗击日本侵略者十四年的浴血奋战，为世界反法西斯战争的胜利作出了巨大的民族牺牲，为维护世界和平作出了重要的历史贡献。

历史是一面映照现实的明镜，也是一本最富哲理的教科书。第二次世界大战结束后，世界各国人民都在深刻反省这场亘古未有的浩劫，减少直至消除战争的威胁成为人们共同的心声。初创于第二次世界大战末期的联合国已经传达了饱受战火之苦的人们迫不及待的和平祈愿。60余年后的今天，联合国在维护世界和平的事务中发挥着越来越重要的作用。足见第二次世界大战对人类社会影响之深刻，和平的理念亦因此深入人心，不可动摇。

近代以来，中国长期处于任人欺凌宰割的地位。特别是日本军国主义的野蛮入侵，更使中国陷入长达十四年的战乱。四万万同胞深受战争摧残、经济崩溃之苦。中国的现代化道路被横刀拦断。正是这种长

1972年9月29日，中日两国政府在北京签署联合声明，实现中日邦交正常化。图为毛泽东主席在中南海会见日本首相田中角荣

2005 年 5 月，俄罗斯举行卫国战争胜利 60 周年庆典活动，中国国家主席胡锦涛出席庆典

期受蹂躏的切肤之痛，正是这种国力长期衰微的刻骨之恨，使中国人民深知和平的珍贵和来之不易，认识到和平是创造幸福和繁荣的保障，认识到没有和平根本谈不上发展，认识到丧失发展、缺乏实力就无法享受和平、维护和平。因此，新中国成立后在世界上率先倡导以和平共处五项原则为基础，发展不同社会制度国家之间的友好合作关系。同时，中国政府和人民不计前嫌、着眼长远、以史为鉴、面向未来，

带你走进博物馆

积极促进中日友好，充分体现出中国政府宽广的视野和博大的胸怀。1972年中日实现邦交正常化，两国关系进入了一个全面发展的新时期。正是苦难的经历，使中国人民毅然选择了和平发展的道路。

中国政府和人民已经通过实践向世界证明，无论国际风云如何变幻，中国必将继续始终不渝地高举和平、合作、发展的旗帜，坚定不移地走和平发展的道路，同世界各国人民一道，共同促进人类和平与发展的崇高事业。

牢记历史、不忘过去，是为了珍爱和平、开创未来。中国人民抗日战争纪念馆正是通过对中国人民抗日战争暨世界反法西斯战争历史的回顾、展示和思索，告诫世人，让战争成为过去，让和平书写未来。

中国人民抗日战争纪念馆参观指南

地　　址：北京市丰台区卢沟桥宛平城内街101号
邮　　编：100072
开馆时间：9：00—16：00（周一闭馆）
电　　话：010-83893163　83892355
邮　　箱：webmaster@1937china.com
网　　址：www.1937china.org.cn

带你走进博物馆

本册主编：沈　强

执行主编：唐晓辉

副　主　编：齐密云　李宗远　于延俊

撰　　稿：（以姓氏笔画为序）

　　　　　王家淼　任京培　张英秋　时晓明

　　　　　郑丽娟　段晓微　陶武亮

摄　　影：吴　娟

封面设计：周小玮

责任印制：陆　联

责任编辑：崔　华

图书在版编目(CIP)数据

中国人民抗日战争纪念馆／中国人民抗日战争纪念馆编

著．－北京：文物出版社，2007.7

（带你走进博物馆）

ISBN 978-7-5010-2207-6

Ⅰ.中…　　Ⅱ.中…　　Ⅲ.中国人民抗日战争纪念馆－简

介－北京市　　Ⅳ.G269.271

中国版本图书馆CIP数据核字（2007）第067080号

中国人民抗日战争纪念馆

中国人民抗日战争纪念馆　编著

文物出版社出版发行

（北京东直门内北小街2号楼）

http://www.wenwu.com

E-mail：web@wenwu.com

北京文博利奥印刷有限公司制版

文物出版社印刷厂印刷

新华书店经销

880 × 1230　1/24　印张：4.5

2007年7月第1版　2007年7月第1次印刷

ISBN 978-7-5010-2207-6　定价：25 元